臺灣歷史與文化 研究輯刊

十 三 編

第 8 冊

臺中市萬和宮文物館
館藏陶瓷年代產地與展示研究

白惟昕 著

花木蘭文化事業有限公司

國家圖書館出版品預行編目資料

臺中市萬和宮文物館館藏陶瓷年代產地與展示研究／白惟昕
著 — 初版 — 新北市：花木蘭文化事業有限公司，2018〔民
107〕
目 30+216 面；19×26 公分
（臺灣歷史與文化研究輯刊十三編：第 8 冊）
ISBN 978-986-485-300-7（精裝）
1. 古陶瓷 2. 藏品研究
733.08   107001587

ISBN-978-986-485-300-7

9 789864 853007

臺灣歷史與文化研究輯刊
十三編　第八冊   ISBN：978-986-485-300-7

臺中市萬和宮文物館館藏陶瓷年代產地與展示研究

作　　者　白惟昕
總 編 輯　杜潔祥
副總編輯　楊嘉樂
編　　輯　許郁翎、王筑　美術編輯　陳逸婷
出　　版　花木蘭文化事業有限公司
發 行 人　高小娟
聯絡地址　235 新北市中和區中安街七二號十三樓
　　　　　電話：02-2923-1455／傳真：02-2923-1452
網　　址　http://www.huamulan.tw 信箱 hml 810518@gmail.com
印　　刷　普羅文化出版廣告事業
初　　版　2018 年 3 月
全書字數　108268 字
定　　價　十三編 24 冊（精裝）台幣 60,000 元

臺中市萬和宮文物館
館藏陶瓷年代產地與展示研究

白惟昕　著

作者簡介

白惟昕，畢業於輔仁大學歷史學系，逢甲大學歷史與文物研究所碩士。大學時修習歷史學理論及西洋史學，於進入研究所後開始接觸文物研究課程，並於在學期間多次參與李建緯教授主持之文物普查及調查研究計畫案。

提　　要

　　民國 82 年（1993）臺中市萬和宮文物館完成建設，萬和宮文物館內館藏物件脫離了原有的脈絡，由文物館重新給予新的定義。文物館蒐集、購藏歷代及先民文物，館內多捐贈舊時農耕器具、日常生活用器與禮俗節慶使用的器皿文物，以傳統文物、先民生活器物作為展示主題，收藏文物類型豐富。欲以文物館喚起、凝結及保存地方人民共同社會記憶。

　　於調查研究期間，發現文物館內有一批陶瓷器，在過去並無學者對此批陶瓷器做過研究，這些陶瓷器在萬和宮文物館是以民生用器的方式作為展示，其中雖民生用器佔了大多數，事實上還有多種形制的祭祀用器、樂器以及建築構件，亦為非常重要之文物，具有歷史意義。

　　在這樣的背景下，本研究從處理文物館內收藏之陶瓷器出發，試圖透過史料文獻蒐集與田野調查對文物基本資料及比證資料進行蒐集，藝術史的風格分析及考古學類型分析釐清陶瓷器文物之年代與生產地區，並利用博物館學展示研究輔以進行相關研究，探討文物館展示樣貌及文物維護防災建議。

目次

表目錄

第一章　緒　論

　　臺中市萬和宮之建廟年代有幾種說法：一為清康熙 23 年，二為清康熙 44 至 50 年間，三為雍正 4 年；後根據研究最為可信的說法為始建於雍正 4 年（1726），[註1]其並於民國 74 年（1985），經由內政部評列為國家第三級古蹟，[註2]作為市定古蹟的萬和宮具有悠久的歷史與相對保存完善的建築及文物。

　　民國 82 年（1993）萬和宮文物館完成建設，於民國 84 年（1995）4 月啓用，並以傳統文物、先民生活器物作為展示主題，收藏文物類型豐富，年代普遍分布於清末至戰後。

　　筆者於民國 103 年 10 月至 105 年 04 月，參與《臺中市萬和宮暨文物館文物登錄與研究計畫》一案，在業師李建緯教授以及盧泰康教授的指導下，於民國 103 年 10 月至 105 年 01 月期間，多次至萬和宮文物館進行文物整理、調查工作，另外在民國 104 年 08 月期間申請至文物館實習，透過實習進行文物科學檢測、登錄。並經由此段期間，針對館內陶瓷器文物進行相關的資料蒐集、梳理工作。

第一節　研究動機

　　從 17 世紀下半葉開始至 18 世紀的清代前期，中國瓷器在世界各地尤其是歐洲，廣為流傳，甚至作為誇耀財富的手段。清代前期，國外對於中國瓷

〔註 1〕 李建緯、張志相，《臺中市萬和宮暨文物館文物登錄與研究計畫（上）　寺廟文物》，委託單位：財團法人臺中市萬和宮；執行單位：逢甲大學歷史與文物研究所，2015 年，頁 32-33。
〔註 2〕 臺中市文化資產處公告，公告文號七四臺內民字第 357272 號（http://www.tchac.taichung.gov.tw/monuments/Details.aspx?Parser=99,5,27,,,,3）

器的需求量十分龐大，許多民窯器也輸往亞洲地區，如日本、臺灣、東南亞等地，因此陶瓷器作爲貿易用器，占了非常重要的地位。但除了作爲貿易用器之外，其作爲祭祀用器亦爲不可或缺的角色。香爐在廟宇祭祀上作爲第一線角色，「插香」爲香客與神明最直接的接觸方式，因而廟宇是否靈驗，便以香火是否鼎盛爲依據。

筆者於萬和宮文物館調查研究期間，[註3] 發現文物館有一批陶瓷器，在過去並無學者對此批陶瓷器做過研究，其大多是文物館成立之時所收購或信徒捐贈，而非當初廟宇既存之用器。

萬和宮文物館以蒐集、購藏歷代及先民文物爲主，館內多捐贈舊時農耕器具、日常生活用器與禮俗節慶使用的器皿文物，以傳統文物、先民生活器物作爲展示主題，收藏文物類型豐富，但也代表展示文物類型繁雜，無特定主軸。以犁頭店常民生活展示區、萬和宮文物傳襲區、主題特展區三大區爲主，另外有其他展示區及戶外展示區。其中陶瓷器在萬和宮文物館是以民生用器的方式作爲展示主軸，其中雖民生日常用器佔了大多數，事實上還有多種形制的祭祀用器（香爐）、樂器（塤）以及建築構件（磚瓦），亦爲非常重要之文物，具有歷史意義。陶瓷器物件因爲展內規劃區主題之原因，分散擺放於各處，並無統一規劃，另外在過去關於萬和宮之研究多半著重在歷史層面，而忽略了文物層面的相關調查與研究，缺乏建立文物知識結構亦是臺灣民間文物館最大的不足。

因而筆者希冀透過此研究，運用此批陶瓷器材料爲研究基準，並探討萬和宮文物館館藏陶瓷器展示現況及做日後展示之建議。

第二節　研究回顧

一、陶瓷器相關研究

從通論性質專書來看，以陶瓷器的出土年代爲準則作圖集排列彙整的有：汪慶正主編《中國陶瓷全集》[註4] 及張柏主編《中國出土瓷器全集》[註5]，

〔註 3〕筆者於民國 103 年 10 月至 105 年 04 月，參與《臺中市萬和宮暨文物館文物登錄與研究計畫》一案時進行調查，於本論文內出現之萬和宮文物館陶瓷文物照片及文物線繪圖亦由計畫提供，於計劃期間進行拍攝及測繪。

〔註 4〕汪慶正主編，《中國陶瓷全集》（上海：上海人民美術社，2000 年）。

可以依據此二本書對陶瓷器的外觀、紋飾，進行年代對照，以及與中國其它地區出土之陶瓷器比較分析，進而推演出其生產地區與年代落點。《中國陶瓷史》〔註6〕對中國陶瓷器進行整體發展脈絡的闡述介紹以及對窯址分布概況等進行分析描述，亦可作爲對於陶瓷器之紋飾外觀分析的對照。〔註7〕

除了上述通論性質的專書外，考古出土、出水資料亦相當重要。「Chinses Export Porcelain –Standard patterns and forms, 1780 to1880.」〔註8〕、「Tek Sing Treasures.」〔註9〕、「Maritime Archaeology and Shipwreck Ceramics in Malaysia.」〔註10〕，作爲中國 18 世紀至 19 世紀末之外銷陶瓷器的沈船出水資料，實有很大的參考價值。

由於萬和宮文物館所藏陶瓷器多爲中國南方窯系所產，亀井明德的《福建省古窯跡出土陶瓷器の研究》〔註11〕；德化陶瓷博物館負責人陳建中所編《德化民窯青花》〔註12〕、《中國福建古陶瓷標本大系：德化窯》〔註13〕；吳其生所編《中國古陶瓷標本・福建漳窯》〔註14〕、《中國福建古陶瓷標本大系：南靖窯》〔註15〕以及《中國福建古陶瓷標本大系：華安窯》〔註16〕；栗建安《福建地區水下考古20 年》〔註17〕等等，皆作爲研究中國南方窯系的重要考證、對比資料。

〔註 5〕 張柏主編，《中國出土瓷器全集》（北京：科學出版社，2008 年）。

〔註 6〕 中國硅酸鹽學會主編，《中國陶瓷史》（北京：文物出版社，1982 年）。

〔註 7〕 另有李文杰，《中國古代製陶工藝研究》（北京：科學出版社，1996 年）；馮先銘，《中國古陶瓷圖典》（北京：文物出版，1998 年）。

〔註 8〕 Herbert,Peter & Nancy Schiffer., Chineses Export Porcelain –Standard patterns and forms, 1780 to1880.（Schiffer Publishing, 1975）

〔註 9〕 Nagel Auctions., Tek Sing Treasures.（Stuttgart, Germany, 2000）.

〔註 10〕 Brown, R., & Sjostrand, S, Maritime Archaeology and Shipwreck Ceramics in Malaysia.（Lumpur, Malaysia: Department of Museum & Antiquities, 2001）.

〔註 11〕 亀井明德，《福建省古窯跡出土陶瓷器の研究》（東京：都北印刷出版株式會社，1995 年）。

〔註 12〕 陳建中，《德化民窯青花》（北京：文物出版社，1999 年）。

〔註 13〕 陳建中編，《中國福建古陶瓷標本大系：德化窯》（福州：福建美術出版社，2005 年）。

〔註 14〕 吳其生，《中國古陶瓷標本・福建漳窯》（廣州：岭南美術出版社，2002 年）。

〔註 15〕 吳其生，《中國福建古陶瓷標本大系：南靖窯》（福州：福建美術出版社，2005 年）。

〔註 16〕 吳其生、李和安編，《中國福建古陶瓷標本大系：華安窯》（福州：福建美術出版社，2005 年）。

〔註 17〕 栗建安，〈福建地區水下考古20 年〉，《福建文博・創刊30 周年紀念文集》2009 年增刊。

　　關於臺灣窯產之陶瓷器專書則有，方樑生的《臺灣之硘看款》〔註18〕、朱陳耀撰述《客家風情百年窯火——苗栗陶》〔註19〕、南投縣民俗文物學會編《南投陶文物風華》〔註20〕，以及徐文琴、周義雄合著《鶯歌陶瓷史》〔註21〕等等，對臺灣窯產進行歷史梳理與所產陶瓷器類型分析說明。

　　最後，對於臺灣之遺址、博物館、寺廟所藏之陶瓷器調查研究，也多有期刊、論文出版。例如郭素秋《竹子山大墓調查試掘計畫》〔註22〕；謝明良〈對於嘉義縣新港鄉板頭村遺址出土陶瓷年代的一點意見〉〔註23〕；李匡悌《國立清華大學新校區雞卵面公墓清理及遷移歷史考古學監控及搶救計畫》〔註24〕；盧泰康教授亦曾多次對臺灣寺廟陶瓷器藏品進行相關的研究，如〈臺灣南部寺廟收藏的傳世陶瓷香爐供器〉〔註25〕、〈歷史文化與常民生活的縮影：綜論高雄市立歷史博物館典藏陶瓷〉〔註26〕、《高雄市立歷史博物館館藏陶瓷文物委託研究計劃》〔註27〕、《古笨港遺址出土文物整理、修護與研究計畫》〔註28〕、〈臺南大天后宮傳世收藏的陶瓷供器〉〔註29〕；郭聖偉《臺南中寮遺址出土陶瓷及

〔註18〕 方樑生，《臺灣之硘看款》（臺北縣：盧麗珠，2009 年）。

〔註19〕 朱陳耀撰述，《客家風情百年窯火——苗栗陶》（南投市：臺灣文獻館，2006年）。

〔註20〕 南投縣民俗文物學會，《南投陶文物風華》（南投縣：南投民俗學會，2002 年）。

〔註21〕 徐文琴、周義雄合著，《鶯歌陶瓷史》（臺北縣：北縣文化，1993 年）。

〔註22〕 郭素秋，《竹子山大墓調查試掘計畫》，委託單位：臺北縣政府文化局；執行單位：歷史語言研究所，2000 年。

〔註23〕 謝明良，〈對於嘉義縣新港鄉板頭村遺址出土陶瓷年代的一點意見〉，《臺灣史研究》，第九卷第二期，2002 年 12 月，頁 203～224。

〔註24〕 李匡悌，《國立清華大學新校區雞卵面公墓清理及遷移歷史考古學監控及搶救計畫》，委託單位：國立清華大學；執行單位：中央研究院歷史語言研究所，2002 年。

〔註25〕 盧泰康，〈臺灣南部寺廟收藏的傳世陶瓷香爐供器〉，《近代物質文化研究——第一屆歷史與文物學術研討會論文集》（臺中市：逢甲大學歷史與文物研究所，2014 年），頁 37～66。

〔註26〕 盧泰康，〈歷史文化與常民生活的縮影：綜論高雄市立歷史博物館典藏陶瓷〉，《高雄文獻》，第四卷第三期，2014 年，頁 065～099。

〔註27〕 盧泰康，《高雄市立歷史博物館館藏陶瓷文物委託研究計劃》，委託單位：高雄市立歷史博物館；執行單位：國立臺南藝術大學藝術史學系，2013 年。

〔註28〕 盧泰康，《古笨港遺址出土文物整理、修護與研究計畫》，委託單位：雲林縣文化局；執行單位：國立臺南藝術大學藝術史學系，2014 年。

〔註29〕 盧泰康，〈臺南大天后宮傳世收藏的陶瓷供器〉，《媽祖物質文化研討會：媽祖文化中的歷史物件、保存與再現》（臺中市：中興大學，2015）。

相關研究》〔註 30〕；陳羿錡《金門縣烈嶼鄉宋元時期陶瓷調查研究》〔註 31〕等等。
在這些研究其中，有多件傳世器物與萬和宮文物館之陶瓷器為相同器形與紋
飾，可做為比對資料。其中《高雄市立歷史博物館館藏陶瓷文物委託研究計
劃》首先將陶瓷器依照產地分類（中國、臺灣、日本），再依其功能（餐飲用
器、裝盛用器、日常生活用器、建材或建築裝飾等等）進行描述，為《臺中
市萬和宮暨文物館文物登錄與研究計畫》〔註 32〕及本論文陶瓷器研究部分之參
考依據及架構。

　　陶瓷器研究建立其系統化的統計量化數據實為重要，而陶瓷器顯示的窯
口特徵、年代風格，反映了當時背景下的社會脈絡及細節，能夠反映當時的
社會族群互動關係，因此透過上述研究回顧之出土出水資料、考古資料、專
書、研究論文、期刊論文等，可知對於清代時期中國南方窯系之研究相關資
料甚多，而從這些文獻資料當中對萬和宮文物館所藏之陶瓷器進行比對、分
析及歸納，我們可以得出萬和宮文物館所藏陶瓷器年代約坐落之年代、產地
以及歷史價值為何，為重要的考證資料，並進一步地進行統計紀錄。

二、文物調查現況及萬和宮文物相關研究

　　在過去關於文物相關調查大多是淪為簡單的文字紀錄或是圖錄，〔註 33〕或
文物資料並未進行調查及考證，造成登錄資訊之誤植或錯誤描述，更甚者為
文物登錄資料的重要資訊，如年代、材質、產地等往往以「待考」填寫，而
名稱使用通泛性名詞（如「匾額」、「燭臺」、「碗」、「香爐」等），尤其是影像
紀錄部分，多數未放置色階卡或比例尺，對於文物拍攝也常以手持簡易型相
機代替，影像品質不佳，難以作為文物訊息判讀的資料，導致無法釐清文物

〔註 30〕 郭聖偉，《臺南中寮遺址出土陶瓷及相關研究》（臺南：國立臺南藝術大學碩
　　　　 士學位論文，2014 年）。

〔註 31〕 陳羿錡，《金門縣烈嶼鄉宋元時期陶瓷調查研究》（臺南：國立臺南藝術大學
　　　　 碩士學位論文，2014 年）；〈金門縣烈嶼鄉宋元時期陶瓷調查研究〉，《南藝學
　　　　 報》，第 12 期，2016 年，頁 01～38。

〔註 32〕 李建緯、張志相，《臺中市萬和宮暨文物館文物登錄與研究計畫　寺廟文物》、
　　　　 李建緯、盧泰康，《臺中市萬和宮暨文物登錄與研究計畫　萬和宮文物館藏文
　　　　 物》，委託單位：財團法人臺中市萬和宮；執行單位：逢甲大學歷史與文物研
　　　　 究所，2015 年。

〔註 33〕 盧泰康、李建緯，〈臺灣古蹟中暨存古物調查的現況與反思〉，《文化資產保存
　　　　 學刊》，第 25 期，2013 年，頁 95～115。

自身所蘊含之社會時代與歷史價值意義。事實上，文物調查中關鍵性的學術紀錄工作是非常重要的一環，如規範性尺寸測量、專業文物攝影、線繪圖之繪製，及相關科學檢測分析等資料。

　　關於萬和宮文物館文物的早期相關研究與圖錄著書，主要由財團法人萬和宮所出版的《典藏犁頭店；古今鄉土文化田野調查彙集》〔註34〕、《萬和宮文物館》〔註35〕以及《國家第三級古蹟媽祖廟臺中市萬和宮志》〔註36〕為主。《典藏犁頭店；古今鄉土文化田野調查彙集》主要為南屯犁頭店地區之發展概述，其中萬和宮文物館介紹篇幅僅占報告一部份，為建立年代及展覽概況之描述；《萬和宮文物館》為文物館館藏文物做簡單的分類圖錄，無詳細之介紹，以上兩本，並無針對文物進行調查研究；《國家第三級古蹟媽祖廟臺中市萬和宮志》則從介紹南屯地區發展、萬和宮建廟沿革、廟內文物乃至文物館文物收藏，但僅有關於祭祀文物之部分，如神像、匾聯、香爐、出巡文物等，且廟內文物與文物館文物夾雜，並未做區隔。

　　後有關於萬和宮文物的相關研究計畫主要為 1998 年何肇喜建築事務所的《第三級古蹟臺中市犁頭店萬和宮調查研究與修復規劃》〔註37〕、2008 年聯程工程顧問有限公司的《臺中市南屯老街（犁頭店街）有形與無形文化資產保存計畫》〔註38〕以及 2016 年逢甲大學歷史與文物研究所李建緯副教授的《臺中市萬和宮暨文物館文物登錄與研究計畫》〔註39〕。

〔註34〕林惠敏編，《典藏犁頭店：古今鄉土文化田野調查彙集》（臺中市：萬和文教基金會，1999 年）。

〔註35〕財團法人臺灣省臺中市萬和宮，《萬和宮文物館》（臺中市：萬和文教基金會出版，1995 年）。

〔註36〕廖財聰主編，《國家第三級古蹟媽祖廟臺中市萬和宮志》（臺中市：萬和文教基金會出版，2004 年）。

〔註37〕黃昭仁等，《臺中市犁頭店萬和宮調查研究與修護》，委託單位：財團法人臺中市萬和宮；執行單位：何肇喜建築師事務所，1998 年。

〔註38〕聯程工程顧問有限公司，《臺中市南屯老街（犁頭店街）有形與無形文化資產保存計畫》，委託單位：臺中市文化局；執行單位：聯程工程顧問有限公司，2008 年。

〔註39〕李建緯、張志相，《臺中市萬和宮暨文物館文物登錄與研究計畫　寺廟文物》、李建緯、盧泰康，《臺中市萬和宮暨文物館文物登錄與研究計畫　萬和宮文物館藏文物》，委託單位：財團法人臺中市萬和宮；執行單位：逢甲大學歷史與文物研究所，2015 年。。

　　《第三級古蹟臺中市犁頭店萬和宮調查研究與修復規劃》研究計畫，著重於南屯區開發、萬和宮媽祖信仰、寺廟建築本體的研究以及修護建議，對於文物類多半著重於不可移動性的物件，如建築構件、彩繪等。而可移動物件之登錄則爲寺廟內的文物，登錄共有 33 件，可見並未對萬和宮文物館所館藏文物進行系統之歸納統整，但對於寺廟內文物以及建築也做了整體性及系統性的整合及建議。

　　《臺中市南屯老街（犁頭店街）有形與無形文化資產保存計畫》研究計畫，主要研究臺中犁頭店街之發展，從發展空間變遷到區域環境調查、有形及無形文化資產調查、建物調查乃至潛在文化資產分析。在有形文化資產部分，主要調查爲藝術技藝及民俗儀典兩部分，並共調查 31 個犁頭店街單位，其中萬和宮文物佔了 21 件，如對聯 3 件、香爐 4 件、鐘、鼎、匾額 10 件、神像 2 件。然其爲針對犁頭店街整體性之研究，故對文物部分僅做基本及抽樣之調查，並無建立完善的文物資料建檔。

　　《臺中市萬和宮暨文物館文物登錄與研究計畫》則與《第三級古蹟臺中市犁頭店萬和宮調查研究與修復規劃》及《臺中市南屯老街（犁頭店街）有形與無形文化資產保存計畫》研究不同，將重點放於萬和宮之可移動之物件。除了南屯區的開發史之外，對萬和宮寺廟內所藏文物登錄計 45 件，而文物館內之文物，包含倉庫所藏之古文書及家具等，共計 1460 件（其中陶瓷器佔 255 件），並以博物館館藏物件方式（以材質分類）登錄文物，可見對萬和宮文物館之所藏文物進行完善的歸納以及分析。不過，該報告專書係針對萬和宮所藏之文物整體做研究，而本論文則係針對其中之文物館館藏陶瓷器做爲主要研究對象，並針對館內陶瓷器文物整體進行器形、年代、產地之分析及系統歸納分析，探討萬和宮文物館如何展示常民生活物件，以建立民眾的集體歷史記憶與地方關係的聯繫。

三、寺廟文物典藏與展示相關研究

　　從展示相關之研究來看，有 Anthea Hancocks〈博物館展示與社會意識〉[註40]；Fredderick W. Schueler〈展示故事與展示品：談展示之正確性〉[註41]；王

〔註40〕Anthea Hancocks，〈博物館展示與社會意識〉，《博物館學季刊》第 02 卷第 3 期，1988 年，頁 09～14。

〔註41〕Fredderick W. Schueler，〈展示故事與展示品：談展示之正確性〉，《博物館學季刊》第 03 卷第 4 期，1989 年，頁 03～07。

嵩山〈物質文化的展示〉〔註42〕；張崇山〈博物館的展示規劃〉〔註43〕；Hans Gill & Ted Swigon〈小型博物館展示的第一步〉〔註44〕；鄭惠英〈展示規劃與維護概念〉〔註45〕；陸定邦〈展示策略與方法之分析〉〔註46〕；Roger Miles〈展示學習〉〔註47〕等等，可了解物件展示之規劃與重要性，乃至其保存維護概念。

有關博物館學及地方知識結合以林崇熙〈博物館文物演出的時間辯證：一個文化再生產的考察〉〔註48〕；謝佩瑤〈場所、物和歷史：以香港歷史博物館的五間分館爲例〉〔註49〕及王嵩山〈民俗實踐、物與時間觀〉〔註50〕、〈博物館學與地方史知識〉〔註51〕、等期刊、論文專書爲主，建構地方社會之物件與博物館結合之議題與重要性。

而宗教物件進入博物館之研究則以李建緯〈靈光與除魅——當臺灣民間宗教文物進入在地「博物館」收藏〉〔註52〕、〈博物館與宗教文物—神聖性、生命歷程與場所精神〉〔註53〕、〈博物館與歷史——歷史物件的再現、詮釋與記憶〉

〔註42〕 王嵩山，〈物質文化的展示〉，《博物館學季刊》第 04 卷第 2 期，1990 年，頁39～47。

〔註43〕 張崇山，〈博物館的展示規劃〉，《博物館學季刊》第 07 卷第 3 期，1993 年，頁 55～69。

〔註44〕 Hans Gill & Ted Swigon，〈小型博物館展示的第一步〉，《博物館學季刊》第 11卷第 2 期，1997 年，頁 45～48。

〔註45〕 鄭惠英，〈展示規劃與維護概念〉，《博物館學季刊》第 11 卷第 2 期，1997 年，頁 63～66。

〔註46〕 陸定邦，〈展示策略與方法之分析〉，《博物館學季刊》第 11 卷第 2 期，1997年，頁 11～22。

〔註47〕 Roger Miles，〈展示學習〉，《博物館學季刊》第 11 卷第 2 期，1997 年，頁 41～44。

〔註48〕 林崇熙，〈博物館文物演出的時間辯證：一個文化再生產的考察〉，《博物館學季刊》第 19 卷第 3 期，2005 年，頁 7～23。

〔註49〕 謝佩瑤，〈場所、物和歷史：以香港歷史博物館的五間分館爲例〉，《博物館物件、區辨與連結論文集》（臺中：逢甲大學歷史與文物研究所，2014 年），頁177～203。

〔註50〕 王嵩山，〈民俗實踐、物與時間觀〉，《博物館、思想與社會行動》（新北市：遠足文化，2015 年），頁 132～136。

〔註51〕 王嵩山，〈博物館學與地方史知識〉，《博物館、思想與社會行動》，頁 137～148。

〔註52〕 李建緯，〈靈光與除魅——當臺灣民間宗教文物進入在地「博物館」收藏〉，《博物館物件、區辨與連結論文集》（臺中：逢甲大學歷史與文物研究所，2014年），頁 29～62。

〔註53〕 李建緯，〈博物館與宗教文物——神聖性、生命歷程與場所精神〉，《博物館概論》，待刊稿。

〔註54〕及廖靜如〈宗教文物蒐藏：神聖與博物館化〉〔註55〕爲主。其中對本研究最有貢獻的文章爲〈靈光與除魅——當臺灣民間宗教文物進入在地「博物館」收藏〉及〈宗教文物蒐藏：神聖與博物館化〉，此兩篇文章探討以宗教性物件進入博物館（文物館）所衍生的問題爲主軸，民間宗教文物的基本定義與本質到展示之分析發現宗教文物蒐藏博物館化的過程中之重新詮釋、意涵與問題。而萬和宮文物館屬於民間宗教文物進入博物館的例子之一，其展示文物被去除了本身的文化脈絡、或神聖性，而被賦予在歷史化，因此具有很大的參考價值。

第三節　研究架構與方法

　　本論文以臺中市萬和宮文物館館藏陶瓷爲研究主軸，以文物館陶瓷器之研究調查、梳理爲開端，分成中國所產陶瓷器以及其他地區（臺灣、日本）做數據分析，進一步探討文物館內陶瓷器展示之樣貌，以及後續之展示建議，以建立其文物所具有之歷史意義及價值。

　　研究方法主要乃透過文獻徵集取得相關史料，並以田野調查文物方式，進一步探討文物本身歷史與意義，是以考古學類型分析、藝術史風格分析爲主要的研究方法。

一、史料文獻蒐集與田野調查

　　對於陶瓷史專書、考古報告、出水資料、博物館陶瓷圖錄以及相關期刊論文資料等等的蒐集，以建立萬和宮文物館館藏陶瓷器的比對樣本與脈絡。另外，輔以萬和宮文物館之文物調查爲基礎，以實地的田野調查取得研究的第一手資料，筆者於民國 103 年 10 月至 105 年 04 月參與《臺中市萬和宮暨文物館文物登錄與研究計畫》一案，在民國 103 年 10 月至 105 年 01 月期間，多次至萬和宮文物館進行文物調查工作，更於民國 104 年 08 月至萬和宮文物館實習。調查工作首先將萬和宮文物進行拍照與文物登錄，紀錄文物之尺寸、

〔註54〕李建緯，〈博物館與歷史——歷史物件的再現、詮釋與記憶〉，《博物館概論》，待刊稿。

〔註55〕廖靜如，〈宗教文物蒐藏：神聖與博物館化〉，《博物館學季刊》第 20 卷第 2 期，2005 年，頁 67～80。

外觀、年款、銘文及保存狀況等等，以及後續電子檔案建設與文物歷史背景意義之建立分析，使其與文獻做結合。

二、考古學類型分析

柯林・倫福儒（Colin Renfrew）與保羅・巴恩（Paul Bahn）於《考古學：理論、方法與實踐》一書中提及，通過特定的形狀或紋飾反映了製造年代社會的特徵，而器物風格的演變通常是漸進式，而非突然的。因此我們可以透過器物的風格來比對，進行分析與歸納。〔註56〕

透過考古方法學中的分類（Classification）〔註57〕、考古學「絕對年代」、「相對年代」的建立，以及器物類型學（Typology）〔註58〕的討論，將器物按不同材質分為金屬器、陶瓷器、木、竹器等等，著重在遺物紋飾母題內容以及外觀的判別，為考古學方法重要的理論依據。

關於文物的研究問題，可以透過年款、贊助人、銘文、史料文獻、器物外觀、製造工藝以及科學檢測等等方法來做為年代判斷的依據。然而許多文物缺乏年款、銘文之紀錄，故只能從比較明顯的器物外觀風格來判斷，〔註59〕也因此需要使用藝術史風格分析方式來做輔佐分析。

三、藝術史風格分析

風格分析為研究藝術史學發展的重要方法，主要在討論作品的形式問題。德國風格分析學者沃夫林（Heinrich Wölfflin）的《藝術史的原則》（Principles of art history）一書中，針對文藝復興到巴洛克的發展建構一套以風格分析為基礎的藝術批評語言，使得藝術史學科的科學性與自主性增強，提出「風格

〔註56〕 Colin Renfrew & Paul Bahn，《考古學：理論、方法與實踐》（北京：文物出版，2004），頁 120～123。

〔註57〕 張光直，《考古學：專題六講》（臺北：稻香出版，1993 年），頁 59～60。

〔註58〕 排序方式為透過出土時間和地點已知的器物，認識特定的風格和樣式以及風格的變化是漸進式的，找出標準器來作為比對的模範。詳見 Colin Renfrew & Paul Bahn，《考古學：理論、方法與實踐》，頁 121；張忠培，《中國考古學：走進歷史真實之道》（北京：科學出版，1999 年），頁 189～191。

〔註59〕 文物年代之判斷，可分為絕對年代與相對年代。絕對年代為器物本身具有年代銘刻之標示；相對年代為無銘刻而依據風格類型判斷，因而須透過文獻資料交叉比對，得出更完整的答案。詳見盧泰康、李建緯，〈臺灣古蹟中既存古物調查的現況與反思〉，頁 95～115。

的雙重根源」與「風格發展五組原則」。〔註 60〕風格的形成與演變，與其所在時代、社會、區域、個人意識皆有極大的關係，而其演變亦爲漸進式，而非突發式的。

四、博物館學展示研究

凡曼區（Van Mensch, Peter.）認爲將事件因素透過展示視覺化的過程，是展覽的宗旨與希望傳遞給觀眾的「觀念」（idea），並提出展覽元素中的「硬體」〔註61〕及「軟體」〔註62〕。〔註63〕

博物館的展示，反映了當代人們對社會環境的理解與掌握程度，而如何透過資料的研究，對物件的歷史、時空及地域產生連結，且用適當並容易讓觀眾理解的方式展示、詮釋而出，是博物館學裡的重要研究學門之一，也是策展者、計畫者或說作者所需要思考的重要課題。

因此本研究方法，透過上述之史料文獻蒐集與田野調查、考古學類型分析、藝術史風格分析以及博物館學展示研究，觀察物件形式的發展與變化，檢視不同文化脈絡下之差異性，來釐清文物本身之工藝演變、產地以及年代等等問題，並做一套系統性的統計、歸納與展示建議。

〔註60〕 Heinrich Wölfflin，《藝術史的原則》（Principles of art history）（臺北：雄獅出版，1987），頁 39～40。
〔註61〕 指的是乘載「軟體」的空間，及展示櫃、架板等支撐性結構。
〔註62〕 指的是博物館中收藏的「眞跡」、複製品或替代品等元素。
〔註63〕 Van Mensch, P., Towards a methodology of museology.（PhD thesis. University of Zagreb, 1992）.

表 1：論文架構表

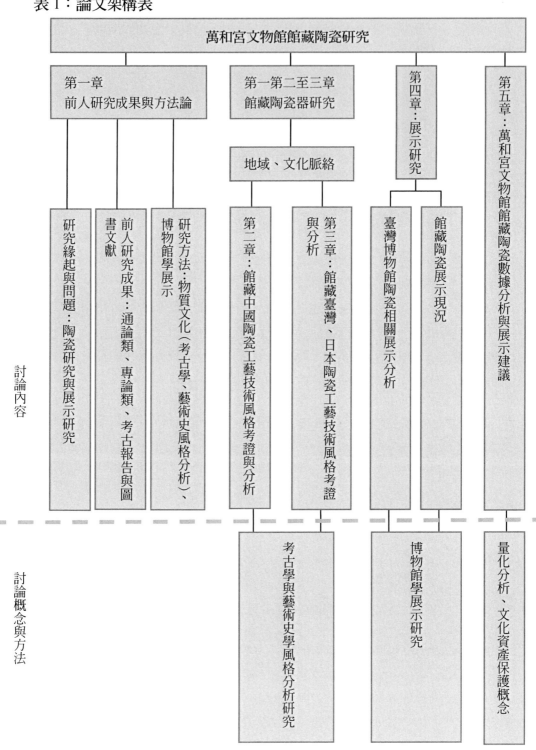

第二章　館藏中國陶瓷考證與分析

　　臺中市萬和宮文物館（以下簡稱萬和宮文物館）所收藏陶瓷文物，包含歷年購藏與接受捐贈之文物。依據不同地區的文化脈絡會有所不同，而物質器物所呈現的風格亦會依其製作的地區、時代脈絡及工藝演變而有所變異。

　　整體來說，萬和宮文物館收藏的陶瓷文物可依照這些陶瓷的產地來源，大致區分為中國、臺灣及日本，共三種主要來源。而這些不同產地的各類陶瓷文物，又各自反映了不同的類型特徵、年代以及功能，多樣化地反映了臺灣常民日常生活的各種面貌。

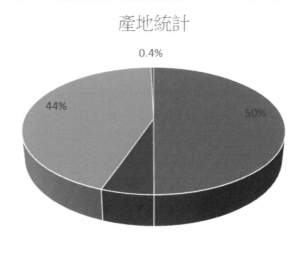

圖 1：萬和宮文物館館藏陶瓷產地統計表

表2：萬和宮文物館館藏中國燒製陶瓷器編目表〔註1〕

項目	編目號	流水號	品名，題材內容	年 款	製作年代	捐贈者	尺寸（公分）	件數
					中國地區			
1.	Pot-03-001	F-L-b-下-002	綠釉三乳足爐	無	18 世紀後半至 19 世紀初（清中晚期）	無	徑 16、高 7.5	1
2.	Pot-03-002	F-L-b-下-007	綠釉直筒形三足爐	無	18 世紀後半至 19 世紀初（清中晚期）	無	徑 14.7、高 12.6	1
3.	Pot-03-003	O-007	綠釉缽式爐	無	19 世紀末至 20 世紀初（清末）	無	高 12、腹徑 24	1
4.	Por-03-001	F-L-b-上-002	青花直筒形圈足爐	無	19 世紀末至 20 世紀初（清末）	無	徑 20、高 17.8	1
5.	Por-03-002	F-R-e-下-001	青花雜寶開光爐	無	18 世紀至 19 世紀（清代）	施性溫	高 8.9、徑 30.8	1
6.	Por-03-003	F-R-e-下-002	青花人物開光爐	無	18 世紀至 19 世紀（清代）	無	高 10.7、徑 26.9	1
7.	Por-03-004	F-L-b-上-005	褐釉雙耳香爐	無	18 世紀後半至 19 世紀初（清中晚期）	無	徑 17.5、高 12.6	1
8.	Por-03-005	F-L-b-下-001	青瓷三乳足爐	無	18 世紀後半至 19 世紀初（清中晚期）	無	徑 17.6、高 8	1
9.	Por-03-006	F-L-b-下-008	青瓷圈足爐	無	19 世紀（清代）	無	高 8、徑 12.3	1
10.	Por-03-008	F-L-b-下-006	白瓷三乳足香爐	無	19 世紀末至 20 世紀初（清末）	無	徑 10.6、高 10.6	1
11.	Por-03-007	F-L-b-上-004	灑藍釉加彩圈足爐	無	20 世紀前半（日治時期）	無	徑 21.7、高 13.3	1
12.	Pot-09-001	N-010	雙龍搶珠紋缸	無	18 世紀後半至 19 世紀初（清中晚期）	無	(1)徑 48、高 44 (2)徑 44.3、高 40	2
13.	Pot-09-002	N-011	開光花草鳥紋缸	無	18 世紀後半至 19 世紀初（清中晚期）	無	高 61、口徑 69	1
14.	Pot-09-003	N-012	雙龍搶珠紋缸	無	18 世紀後半至 19 世紀初（清中晚期）	無	腹徑 56、高 71	1
15.	Pot-09-004	N-013	花草鶴紋缸	無	18 世紀後半至 19 世紀初（清中晚期）	無	高 28、徑 71	1
16.	Pot-09-006	F-R-b-上-004	加彩開光五梅壺	無	19 世紀末至 20 世紀初（清末）	無	高 8、徑 11.3	1
17.	Pot-09-007	F-R-b-上-007	五梅壺	無	19 世紀末至 20 世紀初（清末）	黃泉源	高 9、肩寬 11.5、徑 7	1
18.	Pot-09-008	Hb 上 003	加彩花卉壺	無	19 世紀末至 20 世紀初	無	高 6.8、寬 7.6、長 11.7	1
19.	Pot-09-009	Hb 上 004	紫砂壺	無	20 世紀	無	高 7.8；徑 9.5	1
20.	Pot-09-010	He 上 001	綠釉提樑注壺	無	19 世紀末至 20 世紀初（清末）	無	高 21、徑 20	1
21.	Pot-09-014	F-R-e-上-003	加彩花卉罐	無	19 世紀末至 20 世紀初	無	高 12.5、腹寬 14.1、徑 10	1
22.	Pot-09-015	F-R-e-上-004	綠釉折沿陶罐	無	19 世紀末至 20 世紀初（清末）	無	高 14.8、徑 16.8、腹寬 17.3	1

〔註 1〕 參考來源為李建緯、盧泰康，《臺中市萬和宮暨文物館文物登錄與研究計畫（下） 萬和宮文物館藏文物》，頁 38～45。

23.	Pot-09-016	F-R-e-下-003	褐釉拍印網格紋硬陶罐	無	19 世紀末至 20 世紀初（清末）	無	高 23.5、徑 16.5	1
24.	Pot-09-017	N-015	褐釉絃紋硬陶罐	無	19 世紀末至 20 世紀初（清末）	無	高、腹徑(1)35、25(2)34、26(3)34、26(4)34、26	4
25.	Pot-09-034	Hc 上 012	煙絲盒	無	19 世紀末至 20 世紀初（清末）	無	高 10.7、寬 6.5、厚 2.8	1
26.	Por-09-001	F-R-c-下-001	青花花卉紋盤	無	18 世紀後半至 19 世紀初（清中晚期）	無	高 2.5、徑 15.9	1
27.	Por-09-002	F-R-c-下-002	青花靈芝紋盤	無	18 世紀後半至 19 世紀初（清中晚期）	無	高 1.7、徑 26.3	1
28.	Por-09-003	F-R-c-下-003	青花靈芝紋盤	無	18 世紀後半至 19 世紀初（清中晚期）	無	高 3.2、徑 18.2	1
29.	Por-09-004	P-013	青花靈芝紋盤	無	18 世紀後半至 19 世紀初（清中晚期）	無	徑 15、高 3	1
30.	Por-09-005	F-R-c-下-005	青花書生紋盤	無	18 世紀後半至 19 世紀初（清中晚期）	無	高 3、徑 18	1
31.	Por-09-006	F-R-c-下-005	青花書生紋盤	無	18 世紀後半至 19 世紀初（清中晚期）	無	高 3.8、徑 19.5	1
32.	Por-09-007	O-012	粉彩花卉喜字桃紋盤	成化年製	18 世紀後半至 19 世紀初（清中晚期）	王朝麒	高 2.3、徑 13.4	1
33.	Por-09-008	O-012	粉彩花卉桃紋盤	成化年製	18 世紀後半至 19 世紀初（清中晚期）	王朝麒	高 2.6、徑 13.4	1
34.	Por-09-009	F-R-d-下-007	粉彩花卉盤	無	19 世紀末至 20 世紀初（清末）	無	高 2、徑 13.2	1
35.	Por-09-010	F-R-d-下-012	粉彩花果壽字瓷盤	無	19 世紀末至 20 世紀初（清末）	忠貞同濟會	高 2.9、徑 18.7	1
36.	Por-09-011	F-R-b-下-004	青花湖石牡丹紋盤	無	19 世紀（清代）	無	高 2.7、徑 15.5	1
37.	Por-09-012	L-075	青花蘭花紋盤	無	19 世紀（清代）	無	徑 18.6、高 3	1
38.	Por-09-013	F-R-b-下-002	青花壽字花紋盤	無	19 世紀末至 20 世紀初（清末）	無	高 2.8、徑 14.6	1
39.	Por-09-014	F-R-b-下-003	青花鯉魚盤	無	19 世紀末至 20 世紀初（清末）	無	高 2.5、徑 14.6	1
40.	Por-09-015	F-R-c-上-006	青花梵文盤	無	19 世紀末至 20 世紀初（清末）	詹麗娟	高 4.3、徑 24.6	1
41.	Por-09-016	F-R-c-下-008	青花梵文盤	無	19 世紀末至 20 世紀初（清末）	無	高 4.5、徑 23	1
42.	Por-09-017	F-R-c-上-007	青花印花澀圈盤	無	19 世紀末至 20 世紀初（清末）	無	高 5、徑 21	1
43.	Por-09-018	F-R-c-下-007	青花印花澀圈盤	無	19 世紀末至 20 世紀初（清末）	無	高 5、徑 20.8	1
44.	Por-09-019	F-R-c-下-006	青花印花花盆盤	無	19 世紀末至 20 世紀初（清末）	無	高 4、徑 21.5	1
45.	Por-09-021	F-R-c-下-009	青花印花花盆盤	無	19 世紀末至 20 世紀初（清末）	無	高 4.5、徑 24	1
46.	Por-09-022	F-R-c-下-010	青花印花花卉盤	無	19 世紀末至 20 世紀初（清末）	無	高 5、徑 25.5	1

47.	Por-09-023	F-R-d-下-001	青花菊花臉譜盤	無	20 世紀（清末日治時期）	無	高 3、徑 14.5	1
48.	Por-09-024	F-R-d-下-003	青花菊花臉譜盤	無	20 世紀（清末日治時期）	無	高 3、徑 15.5	1
49.	Por-09-025	F-R-c-上-008	青花福字菊花紋盤	無	20 世紀（清末日治時期）	無	高 5、徑 23.7	1
50.	Por-09-026	F-R-b-下-005	青花中黨旗幟盤	無	20 世紀初（1912 後）	忠貞同濟會	高 2.4、徑 12.9	1
51.	Por-09-027	P-014	青花中黨旗幟盤	無	20 世紀初（1912 後）	無	徑 12.9、高 2.3	1
52.	Por-09-034	F-R-c-下-004	青瓷盤	無	20 世紀後（現代）	無	高 4.5、徑 19.5	1
53.	Por-09-035	F-R-a-下-001	黑釉茶碗	無	宋	無	(1)高 4、徑 10 (2)高 4.5、徑 8.3 (3)高 4.5、徑 8.3 (4)高 4.5、徑 8 (5)高 4.5、徑 8 (6)高 4.4、徑 8	6
54.	Por-09-036	F-R-b-下-006	青花花草紋折腰碗	無	19 世紀（清代）	無	高 6.8、徑 16.4	1
55.	Por-09-037	F-R-b-下-007	青花花草紋折腰碗	無	19 世紀（清代）	無	高 7.8、徑 16.7	1
56.	Por-09-038	F-R-a-上-005	青花花草紋碗	無	19 世紀末至 20 世紀初（清末）	黃泉源	高 6、徑 17	1
57.	Por-09-039	F-R-a-下-002	青花花草紋碗	無	19 世紀末至 20 世紀初（清末）	黃泉源	高 5.3、徑 18	1
58.	Por-09-040	L-074	青花花草紋碗	無	19 世紀末至 20 世紀初（清末）	無	徑 17.6、高 5.4	1
59.	Por-09-041	F-R-a-上-006	青花花瓣紋碗	無	19 世紀末至 20 世紀初（清末）	無	高 4.3、徑 13.6	1
60.	Por-09-042	F-R-a-上-007	青花花瓣紋碗	無	19 世紀末至 20 世紀初（清末）	無	高 5、徑 13.5	1
61.	Por-09-043	F-R-a-上-008	青花花瓣紋碗	無	19 世紀末至 20 世紀初（清末）	無	高 5.2、徑 13.9	1
62.	Por-09-044	F-R-a-上-010	青花纏枝囍字紋碗	無	19 世紀末至 20 世紀初（清末）	無	高 6.5、徑 15	1
63.	Por-09-045	F-R-a-下-005	青花纏枝囍字紋碗	無	19 世紀末至 20 世紀初（清末）	忠貞同濟會	高 4.3、徑 11.4	6
64.	Por-09-046	F-R-a-下-007	青花簡筆纏枝囍字紋碗	無	19 世紀末至 20 世紀初（清末）	無	高 5.4、徑 13.3	1
65.	Por-09-047	F-R-b-上-001	青花纏枝囍字紋碗	無	19 世紀末至 20 世紀初（清末）	無	高 6、徑 16	3
66.	Por-09-048	F-R-b-上-002	青花簡筆花草紋葵口碗	無	19 世紀末至 20 世紀初（清末）	無	高 5.6、徑 17.5	1
67.	Por-09-049	F-R-b-下-009	青花梵文碗	無	19 世紀末至 20 世紀初（清末）	忠貞同濟會	(1)高 5.5、徑 12.7 (2)高 5.8、徑 13.3	2
68.	Por-09-050	F-R-a-上-002	彩繪荷葉花瓣紋碗	無	19 世紀末至 20 世紀初（清末）	無	高 5.8、徑 16.5	1
69.	Por-09-051	F-R-a-上-003	彩瓷花草蝶紋花口碗	無	19 世紀末至 20 世紀初（清末）	無	高 6、徑 17	1
70.	Por-09-052	F-R-a-上-004	彩瓷花草蝶紋花口碗	無	19 世紀末至 20 世紀初（清末）	無	高 6、寬 16.1	1
71.	Por-09-053	F-R-a-下-006	彩繪花草蝶紋碗	無	19 世紀末至 20 世紀初（清末）	黃泉源	高 5.6、徑 13.6	1
72.	Por-09-068	L-073	青灰釉碗	無	19 世紀末至 20 世紀初（清末）	無	徑 21.5、高 4.3	1
73.	Por-09-069	F-R-b-上-006	青花山水四繫壺	無	19 世紀末至 20 世紀初（清末）	忠貞同濟會	腹寬 13，高 15	1
74.	Por-09-070	Hb 上 005	彩繪花卉鳥紋壺	癸卯仲冬	1903	無	徑 10.5、寬 15.7、高 9.7	1
75.	Por-09-071	Hb 上 006	彩繪花卉瓷壺	無	20 世紀前半（日治時期）	無	高 6.8、長 13	2

76.	Por-09-072	Hb 上 008	彩繪人物茶壺	無	19 世紀末至 20 世紀初（清末）	黃泉源	高 13.5、徑 11.5	1
77.	Por-09-073	F-R-d-上-001	青花纏枝紋罐	無	18 世紀至 19 世紀（清代）	忠貞同濟會	高 19、寬 20	1
78.	Por-09-074	F-R-d-上-005	青花團花纏枝紋罐	無	18 世紀至 19 世紀（清代）	無	高 20.5、寬 21	1
79.	Por-09-075	F-R-d-上-002	青花囍字纏枝紋罐	無	18 世紀至 19 世紀（清代）	忠貞同濟會	高 23、寬 21	1
80.	Por-09-076	F-R-d-上-004	青花山水紋罐	無	18 世紀至 19 世紀（清代）	忠貞同濟會	高 18、寬 18	1
81.	Por-09-077	F-R-e-上-005	青花山水紋罐	無	18 世紀後半至 19 世紀初（清中晚期）	無	高 17.4、腹徑 17.3	1
82.	Por-09-078	F-R-d-上-003	青花團花紋罐	無	19 世紀末至 20 世紀初（清末）	無	高 18、寬 18	1
83.	Por-09-079	O-011	青花文字罐	無	19 世紀（清中晚期）	王朝麒	高 7、徑 4	1
84.	Por-09-081	O-013	青花山水紋罐	無	19 世紀末至 20 世紀初（清末）	王朝麒	徑 2.4、高 6.4	1
85.	Por-09-082	O-016	青花花卉紋罐	無	19 世紀末至 20 世紀初（清末）	王朝麒	高 10.5、徑 5	1
86.	Por-09-083	Hb 上 009（1）	白瓷杯	無	20 世紀前半（日治時期）	無	高 2.7、寬 5.6	1
87.	Por-09-084	Hb 上 007（1）	白瓷杯	無	20 世紀前半（日治時期）	無	高 2.7、寬 5.6	1
88.	Por-09-085	He 下 001	青花囍字團花紋瓶	無	18 世紀後半至 19 世紀初（清中晚期）	無	高 59.7、徑 20.5	1
89.	Por-09-086	He 下 002	青花囍字團花紋瓶	無	18 世紀後半至 19 世紀初（清中晚期）	無	高 60、徑 20	1
90.	Por-09-087	He 下 004	青花花草紋瓶	無	19 世紀末至 20 世紀初（清末）	無	高 58.5、徑 20.5	1
91.	Por-09-088	Hg 下 001	青花花草鳥紋瓶	無	19 世紀末至 20 世紀初（清末）	無	徑 33.5、高 57.5	1
92.	Por-09-089	Hg 下 002	青花雙耳花鳥紋瓶	無	19 世紀末至 20 世紀初（清末）	無	徑 20.4、高 58	1
93.	Por-09-090	Hg 下 003	青花雙耳花鳥紋瓶	無	19 世紀末至 20 世紀初（清末）	無	徑 37.4、高 59	1
94.	Por-09-091	Hf 下 001	彩繪太師瓷瓶	無	19 世紀末至 20 世紀初（清末）	無	徑 22、高 58.2	1
95.	Por-09-092	Hf 下 002	廣彩人物花卉紋雙獅耳口花瓶	無	19 世紀末至 20 世紀初（清末）	無	徑 20、高 45	1
96.	Por-09-093	Hf 下 003	廣彩人物仕女瓷瓶	無	19 世紀末至 20 世紀初（清末）	陳科仰	徑 21.5、高 41.5	1
97.	Por-09-094	Hf 下 004	廣彩神仙人物瓷瓶	無	19 世紀末至 20 世紀初（清末）	無	徑 22.5、高 58	1
98.	Por-09-095	Hf 上 015	青花纏枝紋筆插	無	18 世紀後半至 19 世紀初（清中晚期）	無	長 7.2、寬 5、高 2.3	3
99.	Por-09-096	Hf 上 005	粉彩人物筆筒	無	19 世紀末至 20 世紀初（清末）	無	高 12.7、徑 7.5	1
100.	Por-09-097	Hf 上 009	粉彩人物筆筒	丁未九月	1907	無	長 6.7、寬 6.7、高 12	1

101.	Por-09-098	Hf上011	粉彩人物花卉四節盒	無	19 世紀末至 20 世紀初（清末）	無	徑 8.5、高 10.9	4
102.	Por-09-99	Hf上014	五彩桃式筆掭	無	20 世紀前半（民國）	無	長 9.2、寬 8.5、高 2.5	2
103.	Por-09-100	O-014	粉彩花卉匙	無	19 世紀末至 20 世紀初（清末）	王朝麟	匙面長 6、寬 4.6、高 5.5	1
104.	Por-09-102	F-L-a-上-012	白瓷米粿印	無	19 世紀末至 20 世紀初（清末）	無	徑 10.8、高 2.7	1
105.	Por-09-103	F-L-a-上-011	白瓷粿印	無	19 世紀末至 20 世紀初（清末）	無	長 10.2、寬 6.4、高 4.4	1
106.	Por-09-104	Hf上004	青花花草筷籠	無	19 世紀末至 20 世紀初（清末）	無	長 13、寬 7、高 15.4	1
合計共 130 件								

第一節　館藏中國陶瓷分類

此節就館藏中國陶瓷文物，進行分析與實例說明。萬和宮文物館陶瓷文物總計 261 件，其中來自中國燒製的陶瓷文物共有 130 件，佔總數的 50%，類型包含青花瓷、彩瓷、白瓷、黑瓷、青瓷及硬陶，其中青花瓷是萬和宮文物館主要的收藏陶瓷，青花瓷在元代至明清時期，爲瓷器生產及外銷中的主流，是指使用鈷料繪製成白底藍紋的一種高溫燒製釉下彩瓷器，早期色澤藍中帶灰，後由於鈷料的改變而逐漸青花發色呈現藍紫色，常使用於餐飲用器（碗、盤、杯等）及陳設用器（瓶）之中；萬和宮文物館收藏陶瓷種類爲彩瓷次之，彩瓷包含了五彩、〔註2〕粉彩、〔註3〕廣彩〔註4〕等，爲一種高溫燒製釉上彩瓷器。

其各類器形與紋飾，屬典型中國陶瓷的傳統工藝、功能使用與審美價值，其中以清末中國南方燒造的陶瓷器數量較多，反映了清末時期，臺灣與中國貿易交流的繁盛聯繫。

〔註 2〕 在明代以紅、綠、黃三色爲主，到了清代出現藍彩及黑彩等新釉色。另有以青花勾繪紋飾高盛後，以各種色釉填補其他紋飾在素胎上以低溫窯燒而成，稱爲「青花五彩」，後統稱爲「五彩」。
〔註 3〕 粉彩是「砷」作爲釉中的失透劑，並加入鉛釉中，再加入各種發色劑，可得到略帶粉白的不透明色釉。其所用的色彩比五彩較爲豐富。
〔註 4〕 廣彩是指在彩繪瓷器的過程中，使用「織金」的手法來施加彩繪，或施加彩繪後具有織金手法所取得的織金錦效果的廣州彩繪瓷器。紋飾上廣彩則常見「滿地開光」的題材。

一、高溫青花瓷器

圖 2：編 Por-03-001，青花直筒形圈足爐

圖 3：Por-03-001 器內壁

圖 4：Por-03-001 爐底

　　Por-03-001，青花直筒形圈足爐（圖 2～4），口徑 20、高 17.8 公分，特徵為口緣平沿，斜直壁，三礬式足。器身裝飾雙龍波濤雲紋，以釉下青花勾繪，青料發色灰藍，龍身刻劃細緻，四趾掌爪，雙龍相對，面向爐身正中之火珠。

圖 5：編 Por-03-002，
青花雜寶開光爐

圖 6：Por-03-002
器內壁

圖 7：Por-03-002
爐底

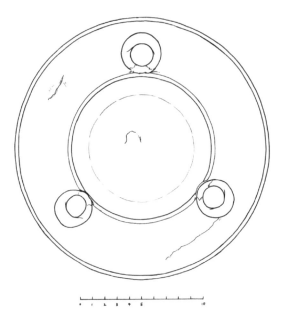

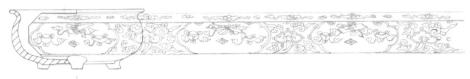

圖 8：Por-03-002 線繪圖〔註 5〕
上圖為器底線繪圖，下圖為側面線繪圖

　　Por-03-002，青花雜寶開光爐（圖 5～7），口徑 20.6、高 8.9 公分，特徵
為撇口，平沿，束頸，圓鼓腹，三柱形足。器壁開光外施藍地白花捲草紋，

〔註 5〕　由梁雅雲於民國 104 年 9 月 22 日繪製、《臺中市萬和宮暨文物館文物登錄與
　　　　研究計畫》計劃提供。

開光處施雜寶紋。器內底有三支釘痕，器底有鑒定火漆，寫上「鑒」、「CUSTOMS PERMISSION A13」及太極紋。

圖 9：編 Por-03-003，　　　　圖 10：Por-03-003　　　圖 11：Por-03-003
　　青花人物開光爐　　　　　　　器內壁　　　　　　　　爐底

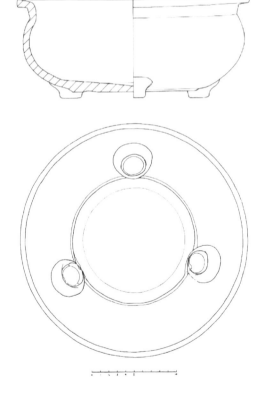

圖 12：Por-03-003 線繪圖〔註6〕
上圖為側面線繪圖，下圖為器底線繪圖

〔註 6〕 由梁雅雲於民國 104 年 10 月 14 日繪製、《臺中市萬和宮暨文物館文物登錄與
　　　　研究計畫》計劃提供。

Por-03-003，青花人物開光爐（圖 9～11），口徑 26.9、高 10.7 公分，特徵為撇口，厚唇，折沿，束頸，圓鼓腹，三柱形足。頸處繪青花簡筆雲紋，器壁開光繪青花人物樹木圖，開光外繪青花蓮花紋。口沿處多牛毛紋，[註7] 器心有鑒定火漆，寫上「鉴」、「CUSTOMS PERMISSION A13」及太極紋。

圖 13：編 Por-09-085，
青花囍字團花紋瓶

圖 14：Por-09-085
瓶底

Por-09-085，青花囍字團花紋瓶（圖 13、14），口徑 20.5、高 59.7 公分，特徵為外敞直口、束頸、折肩、微弧腹，底部微束，平底內凹，圈足，頸側雙獅耳。口處施青花回紋飾帶；頸部施青花「囍」字及團花捲草紋；肩部施青花三角紋飾帶及梅花飾帶；器身施青花團花捲草紋及「囍」字。底有「鑒定鄂」火漆。

[註 7] 牛毛紋為由於陶瓷器年代久遠，造成表面釉層漸漸分裂，如較細小的自然開片。

圖 15：編 Por-09-086，
青花囍字團花紋瓶

圖 16：Por-09-086 瓶口

圖 17：Por-09-086 瓶底

　　Por-09-086，青花囍字團花紋瓶（圖 15～17），口徑 20、高 60 公分，特徵為外敞直口、束頸、折肩、微弧腹，底部微束，平底內凹，圈足，頸側雙獅耳。口處施青花回紋飾帶；頸部施青花「囍」字及團花捲草紋；肩部施青花三角紋飾帶及梅花飾帶；器身施青花團花捲草紋及「囍」字。器內壁有「鑑定鄂」火漆。

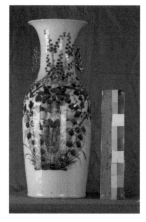

圖 18：編 Por-09-087，
青花花草紋瓶

圖 19：Por-09-087 瓶底

　　Por-09-087，青花花草紋瓶（圖18、19），口徑20.5、高58.5公分，特徵為敞口、束頸、弧肩、斜腹，平底，矮圈足，頸側有耳。口緣施青花草紋，器身施青花牡丹、菊花、竹、梅紋。

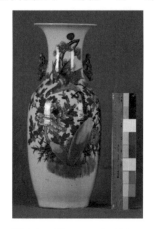

圖20：編Por-09-088，
青花花草鳥紋瓶

圖21：Por-09-088瓶底

　　Por-09-088，青花花草鳥紋瓶（圖20、21），口徑21、身徑33.5、高57.5公分，特徵為敞口、束頸、弧肩、斜腹，平底，矮圈足，頸側有耳。器身施青花花草、鷹、石、花叢。

圖22：編Por-09-089，
青花雙耳花鳥紋瓶

圖23：Por-09-089瓶底

　　Por-09-089，青花雙耳花鳥紋瓶（圖22、23），口徑19、身徑20.4、高58公分，特徵為白色釉底，瓶身瘦長，頸部兩側有附雙耳（似魚尾獅），瓶身半面施有青花彩繪，由二雉雞對峙、牡丹、山石組成畫面。

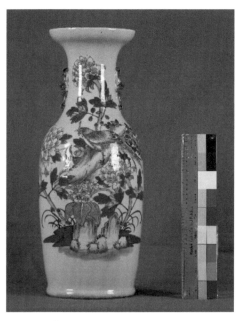

圖 25：Por-09-090 瓶口

圖 26：Por-09-090 瓶底

圖 24：編 Por-09-090，
青花雙耳花鳥紋瓶

Por-09-090，青花雙耳花鳥紋瓶（圖 24～26），口徑 19.5、身徑 37.4、高
59 公分，特徵為敞口、長斜肩、雙獅耳、豐肩、弧腹下收、矮圈足，雙獅耳。
器壁施青花樹、石、花叢及雌雄綬帶鳥四目對望。器內壁有火漆。

圖 27：編 Por-09-036，
青花花草紋折腰碗

圖 28：Por-09-036
器內壁

圖 29：Por-09-036
器底

Por-09-036，青花花草紋折腰碗（圖 27～29），口徑 16.4、高 6.8 公分，
特徵為敞口，折腹，圈足。碗心畫押，內壁口緣有青花花草紋且有弦紋，外
壁口緣繪有三處簡筆青花草紋及下腹繪有四處簡筆花草紋，二二相對，在折
腰處有弦紋，圈足削釉且呈泥鰍背。

  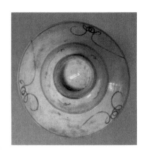

圖 30：編 Por-09-037，　　　圖 31：Por-09-037　　　圖 32：Por-09-037
　青花花草紋折腰碗　　　　　　器內壁　　　　　　　　器底

　　Por-09-037，青花花草紋折腰碗（圖 30～32），口徑 16.7、高 7.8 公分，
特徵為敞口，折腹，圈足。碗心畫押及二到弦紋，內壁口緣有青花花草紋且
有弦紋，外壁口緣繪有三處簡筆青花草紋及下腹繪有四處簡筆花草紋，在折
腰處有弦紋，圈足削釉且呈泥鰍背。

圖 33：編 Por-09-038，青花花草紋碗

 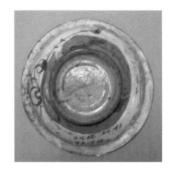

圖 34：Por-09-038 器內壁　　　　　圖 35：Por-09-038 器底

　　Por-09-038，青花花草紋碗（圖 33～35），口徑 17、高 6 公分，特徵為撇
口折沿，斜弧腹，下接圈足。施透明釉。口沿施青花水波紋，碗心施青花草紋，
器壁施青花簡筆草紋。器身氣孔分布，器壁外拉坯痕明顯，有許多牛毛紋。

圖 36：編 Por-09-039，　　　圖 37：Por-09-039　　　圖 38：Por-09-039
　　青花花草紋碗　　　　　　　　器內壁　　　　　　　　　器底

　　Por-09-039，青花花草紋碗（圖 36～38），口徑 18、高 5.3 公分，特徵爲撇口折沿，斜弧腹，下接圈足。施透明釉。口沿施青花水波紋，碗心施青花草紋，器壁施青花簡筆草紋。器身氣孔分布，器壁外拉坯痕明顯，有許多牛毛紋。全器布滿許多氣孔。

圖 39：編 Por-09-040，青花花草紋碗　　　　圖 40：Por-09-040 器底

　　Por-09-040，青花花草紋碗（圖 39、40），口徑 17.6、高 5.4 公分，特徵爲撇口折沿，斜弧腹，下接圈足。施透明釉。口沿施青花水波紋，碗心施青花草紋，器壁施青花簡筆草紋。

圖 41：編 Por-09-041，　　　圖 42：Por-09-041　　　圖 43：Por-09-041
　　青花花瓣紋碗　　　　　　　　45 度角　　　　　　　　　器底

　　Por-09-041，青花花瓣紋碗（圖 41～43），口徑 13.6、高 4.3 公分，特徵

為敞口花瓣，斜弧腹，下折接圈足。腹側繪三簡筆青花「壽」字。青灰色胎底，施透明釉料。全器多有氣孔。

圖 44：編 Por-09-042，
青花花瓣紋碗

圖 45：Por-09-042
器內壁

圖 46：Por-09-042
器底

Por-09-042，青花花瓣紋碗（圖 44～46），口徑 13.9、高 5.2 公分，特徵為敞口花瓣，斜弧腹，下折接圈足。腹側繪三青花簡筆「壽」字。青灰色胎底。器身多有氣孔及牛毛紋。

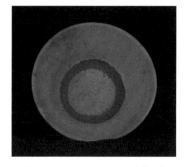

圖 47：編 Por-09-043，青花花瓣紋碗

圖 48：Por-09-04 器內壁

Por-09-043，青花花瓣紋碗（圖 47、48），口徑 13.5、高 5 公分，特徵為敞口花瓣，斜弧腹，下折接圈足。腹側繪三簡筆青花「壽」字。施灰白釉。全器多有氣孔。

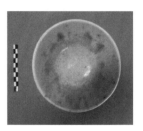

圖 49：編 Por-09-044，
青花纏枝囍字紋碗

圖 50：Por-09-044
器內壁

圖 51：Por-09-044
器底

　　Por-09-044，青花纏枝囍字紋碗（圖 49〜51），口徑 15、高 6.5 公分，特徵為敞口微撇，斜弧腹，下接圈足。外壁飾青花纏枝囍字紋，胎面多有牛毛紋、開片〔註 8〕與爆釉〔註 9〕現象。

圖 52：編 Por-09-045-1，
青花纏枝囍字紋碗

圖 53：編 Por-09-045-2，
青花纏枝囍字紋碗

圖 54：編 Por-09-045-3，
青花纏枝囍字紋碗

圖 55：編 Por-09-045-4，
青花纏枝囍字紋碗

圖 56：編 Por-09-045-5，
青花纏枝囍字紋碗

圖 57：編 Por-09-045-6，
青花纏枝囍字紋碗

　　Por-09-045，青花纏枝囍字紋碗（圖 52〜57），共 6 件，口徑 11.4、高 4.3 公分，特徵為敞口微撇，斜弧腹，下接圈足。外壁飾青花纏枝囍字紋，胎面多有牛毛紋、開片與爆釉現象。

〔註 8〕 開片是指瓷器釉層不完全裂開而形成的一種特殊的肌理紋路，造成原因有可能為燒製時胎體成長不均，或是胎體與釉料熱漲冷縮。

〔註 9〕 爆釉為瓷器表面看到形狀各異、一樣大小不等的小孔，為瓷器胎體在化學反應下胎中的物質膨脹，造成釉面爆裂。

圖 58：編 Por-09-046，
青花簡筆纏枝囍字紋碗

圖 59：Por-09-046
器內壁

圖 60：Por-09-046
器底

　　Por-09-046，青花簡筆纏枝囍字紋碗（圖 58～60），口徑 13.3、高 5.4 公分，特徵為敞口微折，斜弧腹，下接圈足。外壁飾簡筆青花纏枝囍字紋，胎面多有開片與爆釉現象。

圖 61：編 Por-09-047-1，
青花纏枝囍字紋碗

圖 62：編 Por-09-047-2，
青花纏枝囍字紋碗

圖 63：編 Por-09-047-2，
青花纏枝囍字紋碗

　　Por-09-047，青花纏枝囍字紋碗（圖 61～63），共 3 件，口徑 16、高 6 公分，特徵為敞口微折，斜弧腹，下接直圈足。外壁飾簡筆青花纏枝囍字紋，胎面多有開片與氣孔現象。

圖 64：編 Por-09-048，
青花簡筆花草紋葵口碗

圖 65：Por-09-048
器底

　　Por-09-048，青花簡筆花草紋葵口碗（圖 64、65），口徑 17.5、高 5.6 公分，特徵為撇口，斜壁，碗口作八瓣葵口式，器壁繪以兩層橫飾帶，第一層

近口緣處，飾帶爲倒三角鋸齒紋，第二層繪以簡筆團菊花草紋。碗內壁口緣
與器底各繪有二道弦紋。

圖 66：編 Por-09-049，青花梵文碗

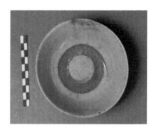

圖 67：編 Por-09-049-1，
青花梵文碗器內壁

圖 68：編 Por-09-049-1，
青花梵文器底

圖 69：編 Por-09-049-2，
青花梵文碗器內壁

圖 70：編 Por-09-049-2，
青花梵文器底

　　Por-09-049，青花梵文碗（圖 66～70），共 2 件，口徑 12.7、高 5.5 公分；
口徑 13.3、高 5.8 公分，特徵爲敞口，斜腹，下接圈足。器壁施青花梵文。釉
色灰青偏黃，碗心刮釉。多牛毛紋。Por-09-047-1 底有鑒定火漆印。

圖 71：編 Por-09-001，
青花花卉紋盤

圖 72：Por-09-001
器內壁

圖 73：Por-09-001
器底

　　Por-09-001，青花花卉紋盤（圖 71～73），口徑 15.9、高 2.5 公分，特徵
爲口微撇，斜腹，矮圈足。盤心繪青花簡筆花卉紋，外側近口緣有三處簡筆
青花花卉紋，圈足削釉。圈足底有青花款及「鑒定滬 3」火漆。盤面多器孔器
身表面有牛毛紋。

圖 74：編 Por-09-002，　　　圖 75：Por-09-002　　　圖 76：Por-09-002
　　　青花靈芝紋盤　　　　　　　　器內壁　　　　　　　　　器底

　　Por-09-002，青花靈芝紋盤（圖 74～76），口徑 26.3、高 1.7 公分，特徵
爲敞口，口沿微外侈，淺弧腹，圈足。盤心及外器壁繪有簡筆青花靈芝紋，
器底心有青花款及「鑒定滬 3」火漆。釉白中泛青，胎灰白。

圖 77：編 Por-09-003，　　　圖 78：Por-09-003　　　圖 79：Por-09-003
　　　青花靈芝紋盤　　　　　　　　器內壁　　　　　　　　　器底

　　Por-09-003，青花靈芝紋盤（圖 77～79），口徑 18.2、高 3.2 公分，特徵
爲敞口，口沿微外侈，淺弧腹，圈足。盤心及外器壁繪有青花靈芝紋。器底
心有青花款「永源」。釉白中泛青，胎灰白。

圖 80：編 Por-09-004，青花靈芝紋盤　　　　圖 81：　　　　　圖 82：
　　　　　　　　　　　　　　　　　　　　　Por-09-004　　　Por-09-004
　　　　　　　　　　　　　　　　　　　　　器內壁　　　　　器底

　　Por-09-004，青花靈芝紋盤（圖 80～82），口徑 15、高 3 公分，特徵爲敞
口，口沿微外侈，淺弧腹，圈足。盤心及外器壁繪有簡筆青花靈芝紋，器底
心有青花簡筆靈芝紋。釉白中泛青，胎灰白。

圖 83：編 Por-09-005，青花書生紋盤

圖 84：Por-09-005 器底

　　Por-09-005，青花書生紋盤（圖 83、84），口徑 18、高 3 公分，特徵爲敞口，淺弧腹。胎灰白。盤心紋飾爲青花書生讀書紋，書生左側爲書桌及香爐，右側爲欄杆湖石，左上側有「晨興半名香」句，器底心有青花款「生吉」。

圖 85：編 Por-09-006，青花書生紋盤

圖 86：Por-09-006 器底

　　Por-09-006，青花書生紋盤（圖 85、86），口徑 19.5、高 3.8 公分，特徵爲敞口，淺弧腹。胎灰白。盤心紋飾爲青花書生人物紋，書生左側有草書文字，右側爲湖石。左上側有鑿刻「霖」字。器壁多牛毛紋。

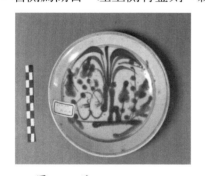
圖 87：編 Por-09-011，
　　　青花湖石牡丹紋盤

圖 88：Por-09-011 器底

Por-09-011，青花湖石牡丹紋盤（圖 87、88），口徑 15.5、高 2.7 公分，特徵為口微撇，斜腹，矮圈足。盤心繪蘭花草紋，內側近口緣處有一道弦紋，外側近口緣有三處簡筆船紋，圈足削釉。

圖 89：編 Por-09-012，青花蘭花紋盤 　　圖 90：Por-09-012 側面

Por-09-012，青花蘭花紋盤（圖 89、90），口徑 18.6、高 3 公分，特徵為口微撇，斜腹，矮圈足，足底平。胎灰白。盤心繪蘭花草紋，內側近口緣處有一道弦紋，外側近口緣有三處簡筆船紋，圈足削釉。盤外底心直書落款「信利」字。盤面有氣孔。

圖 91：編 Por-09-013，　　圖 92：Por-09-013　　圖 93：Por-09-013
　　青花壽字花紋盤　　　　　器內壁　　　　　　　器底

Por-09-013，青花壽字花紋盤（圖 91～93），口徑 14.6、高 2.8 公分，特徵為口微撇，斜腹，矮圈足。上透明釉，盤心繪青花草紋、「壽」字，內側近口緣處有一道弦紋，圈足削釉。盤內外有許多氣孔及牛毛紋，盤外側拉坯痕跡明顯。

圖 94：編 Por-09-014，　　圖 95：Por-09-014　　圖 96：Por-09-014
　　青花鯉魚紋盤　　　　　　器內壁　　　　　　　器底

　　Por-09-014，青花鯉魚紋盤（圖 94～96），口徑 14.6、高 4.3 公分，特徵為敞口，淺弧腹，下接圈足。胎灰白，施透明釉。盤心繪青花鯉魚及草紋。全器多有氣孔及牛毛紋。

圖 97：編 Por-09-015，
青花梵文盤

圖 98：Por-09-015
器內壁

圖 99：Por-09-015
器底

　　Por-09-015，青花梵文盤（圖 97～99），口徑 24.6、高 1.7 公分，特徵為圓唇侈口，弧腹，平底，寬平矮圈足，足平切，足內底平整。胎呈灰褐色。施白釉，內底有澀圈。〔註10〕盤內近口沿印梵文圖案，盤心印花紋，外壁印青花梵文紋。

圖 100：編 Por-09-016，青花梵文盤　　　　圖 101：Por-09-016 器底

　　Por-09-016，青花梵文盤（圖 100、101），口徑 23、高 4.5 公分，特徵為撇口，弧腹，平底，寬平矮圈足，足平切，足內底平整。胎呈灰褐色。施白釉，內底有澀圈。盤內近口沿印梵文圖案，外壁印青花梵文紋。

圖 102：編 Por-09-017，
青花印花澀圈盤

圖 103：Por-09-017
器內壁

圖 104：Por-09-017
器底

〔註10〕澀圈為因瓷器燒製時使用疊燒的方式，使得器心會有一圈無釉的現象。

Por-09-017，青花印花澀圈盤（圖102～104），口徑21、高5公分，特徵為敞口，口沿微外侈，淺弧腹，圈足，有澀圈。盤心繪有青花「福」字及鑿刻「南」字，盤緣有印花青花團花紋及二道弦紋，圈足外側壓印短直線紋。釉白中泛青。釉有開片現象，有氣孔，圈足內氣孔與縮釉嚴重。器腹拉坯痕跡明顯，佈有許多氣孔，及牛毛紋。

圖105：編Por-09-018，
青花印花澀圈盤

圖106：Por-09-018
器內壁

圖107：Por-09-018
器底

Por-09-018，青花印花澀圈盤（圖105～107），口徑20.8、高5公分，特徵為敞口，口沿微外侈，淺弧腹，圈足，有澀圈。盤心繪有青花「福」字，盤緣有青花印花團花紋及二道弦紋，圈足外側壓印短直線紋。釉白中泛青。釉有開片現象，有氣孔，圈足內氣孔與縮釉〔註11〕嚴重。

圖108：編Por-09-019，
青花印花花盆盤

圖109：Por-09-019
器內壁

圖110：Por-09-019
器底

Por-09-019，青花印花花盆盤（圖108～110），口徑21.5、高4公分，特徵為敞口，口沿微外侈，斜腹，圈足，有澀圈。盤緣有四印花青花花盆紋。器底落款「張紀友口」。

〔註11〕 縮釉是指燒製瓷器時，釉料應該均勻地覆蓋表面，但某些部位無法被釉料覆蓋，導致在燒成後的施釉面無法覆蓋胎體或有結塊的現象。

圖 111：編 Por-09-020，青花印花花盆盤　　圖 112：Por-09-020 器底

　　Por-09-020，青花印花花盆盤（圖 111、112），口徑 24、高 4.5 公分，特徵為敞口，口沿微外侈，斜腹，圈足，有澀圈。盤內緣有四印花青花花盆紋。盤外緣繪二青花梵文。內緣及底有氣孔、牛毛紋。

圖 113：編 Por-09-021，　　圖 114：Por-09-021　　圖 115：Por-09-021
　青花印花花卉盤　　　　　　器內壁　　　　　　　器底

　　Por-09-021，青花印花花卉盤（圖 113～115），口徑 25.5、高 0.5 公分，特徵為敞口，斜弧腹，寬平矮圈足，足底平。盤近口緣處繪有青花花卉紋，盤外緣繪青花紋飾。胎色灰白，釉色灰青，有澀圈。器身多氣孔，盤面有牛毛紋。

圖 116：編 Por-09-023，　　圖 117：Por-09-023　　圖 118：Por-09-023
　青花菊花臉譜盤　　　　　　器內壁　　　　　　　器底

　　Por-09-023，青花菊花臉譜盤（圖 116～118），口徑 14.5、高 3 公分，特

徵爲敞口，斜腹，矮圈足。胎色青灰，全器施釉，有澀圈。盤心繪有青花菊形紋飾，盤緣繪有青花花卉及臉譜紋。盤外口緣有二道弦紋，近圈足處有一道弦紋。盤外緣與底部氣孔較多，盤面有牛毛紋。

圖 119：編 Por-09-024，
青花菊花臉譜盤

圖 120：Por-09-024
器內壁

圖 121：Por-09-024
器底

　　Por-09-024，青花菊花臉譜盤（圖 119-121），口徑 15.5、高 3 公分，特徵爲敞口，斜腹，矮圈足。胎色青灰，全器施釉，有澀圈。盤心繪有青花菊形紋飾，盤緣繪有青花花卉及臉譜紋。盤外口緣有二道弦紋，近圈足處有一道弦紋。器內外均有氣孔。

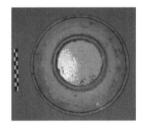

圖 122：編 Por-09-025，
青花福字菊花紋盤

圖 123：Por-09-025
器內壁

圖 124：Por-09-025
器底

　　Por-09-025，青花福字菊花紋盤（圖 122～124），口徑 23.7、高 5 公分，特徵爲口沿微外撇，斜壁，圈足。胎白，全器施透明釉，有澀圈。盤心有青花福字，盤緣有青花菊花、草葉紋及鑿刻「寅」、「衍」字。盤面與外緣有牛毛紋，器底圈足處多氣孔。

圖 125：編 Por-09-026，　　　　圖 126：Por-09-026
　　　青花中黨旗幟盤　　　　　　　　　　器底

　　Por-09-026，青花中黨旗幟盤（圖 125、126），口徑 12.9、高 2.4 公分，特徵爲口沿微外撇，斜壁，圈足。胎白，釉色灰白。盤心繪青花黨旗紋，盤緣一道弦紋，以及上側寫有「中國」字。

圖 127：編 Por-09-027，　　　　圖 128：Por-09-027
　　　青花中黨旗幟盤　　　　　　　　　　器底

　　Por-09-027，青花中黨旗幟盤（圖 127、128），口徑 12.9、高 2.3 公分，特徵爲口沿微外撇，斜壁，圈足。胎白，釉色灰白。盤心繪青花黨旗紋，盤緣一道弦紋，以及上側寫有「中國」字。

圖 129：編 Por-09-069，　　　圖 130：Por-09-069　　　圖 131：Por-09-069
　　青花山水四繫壺　　　　　　　　背面　　　　　　　　　　器底

　　Por-09-069，青花山水四繫壺（圖 129～131），腹徑 13、底徑 8.1、高 15
公分，特徵為直口、圓肩、斜直腹，短流嘴，四繫。器壁繪青花山水及題字。
全器內外佈滿許多氣孔及點狀縮釉痕跡，腹及器外底部可見牛毛紋。

圖 132：編 Por-09-073，青花纏枝紋罐　　　　圖 133：Por-09-073 器底

　　Por-09-073，青花纏枝紋罐（圖 132、133），腹徑 20、底徑 15、高 19 公
分，特徵為束口，斜頸，圓肩，斜腹，下接圈足，平底。胎白，上透明釉。
器壁施青花雲紋飾帶、團花捲草紋、覆瓣蓮紋飾帶。拉坯痕跡明顯，內側器
壁有氣孔，外側多牛毛紋，內外器底多氣孔。

圖 134：編 Por-09-074，青花團花纏枝紋罐　　　圖 135：Por-09-074 器底

　　Por-09-074，青花團花纏枝紋罐（圖 134、135），腹徑 21、底徑 15.7、高

20.5 公分，特徵爲束口，斜頸，圓肩，斜腹，下接圈足，平底。胎灰白，上透明釉。器壁施團花纏枝紋、覆瓣蓮花紋飾帶。全器縮釉現象與多牛毛紋，足部黏有窯渣。

圖 136：編 Por-09-075，
青花囍字纏枝紋罐

圖 137：Por-09-075
器底

Por-09-075，青花囍字纏枝紋罐（圖 136、137），腹徑 21、底徑 16、高 23 公分，特徵爲束口，斜頸，圓肩，斜腹，下接圈足，平底。胎灰白，上透明釉。器壁施青花囍字、團花纏枝紋。全器多縮釉現象，器底氣孔多。

圖 138：編 Por-09-076，
青花山水紋罐

圖 139：Por-09-076
器底

Por-09-076，青花山水紋罐（圖 138、139），腹徑 18、底徑 11.5、高 18 公分，特徵爲束口，斜頸，圓肩，斜腹，下接圈足，平底。胎米白，上透明釉。器壁施青花山水、船、塔。器外多牛毛紋，器內外底多氣孔。

圖 140：編 Por-09-077，青花山水紋罐

圖 141：Por-09-077 器底

　　Por-09-077，青花山水紋罐（圖 140、141），腹徑 17.3、底徑 12.8、高 17.4 公分，特徵為束口，斜頸，圓肩，斜腹，下接圈足，平底。胎灰白，上透明釉。器壁繪青花花水、房子、帆船、風景。全器多氣孔與縮釉。器底有鑑定火漆。

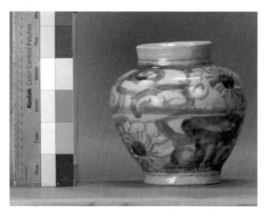

圖 142：編 Por-09-078，青花團花紋罐

圖 143：Por-09-078 器底

　　Por-09-078，青花團花紋罐（圖 142、143），腹徑 18、底徑 10.2、高 18 公分，特徵為直口，短頸，圓肩，斜腹，下接圈足。器壁繪青花簡筆團花纏枝紋，底有「鑒定粵2」火漆。器外壁及圈足內有多處氣孔。

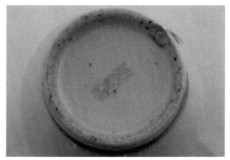

圖 144：編 Por-09-079，青花文字罐　　　　圖 145：Por-09-079 器底

　　Por-09-079，青花文字罐（圖 144、145），腹徑 6.5、底徑 4.8、高 7 公分，特徵爲撇口，束頸，圓肩，鼓腹，圈足。頸處有二道青花弦紋，器腹青花字「杭省」、「葉種德堂」。可見拉坯痕。

圖 146：編 Por-09-080，青花山水紋罐　　　　圖 147：Por-09-080 器底

　　Por-09-080，青花山水紋罐（圖 146、147），腹徑 5.2、底徑 4.1、高 6.4 公分，特徵爲斂口，斜頸，弧肩，復接平底，圈足。器肩二道弦紋，器壁繪青花山水紋。

圖 148：編 Por-09-081，
青花花卉紋罐

圖 149：Por-09-081
器底

Por-09-081，青花花卉紋罐（圖 148、149），腹徑 9、底徑 5.9、高 10.5 公分，特徵為敞口，束頸，圓肩，斜弧腹，平底微凹。釉色灰白，圈足刮釉。器頸繪青花雲紋，器肩繪青花弦紋及捲草紋，器壁繪青花捲草纏枝紋及飾帶。

圖 150：編 Por-09-095，
青花團花纏枝紋罐

圖 151：Por-09-095 45
度較

Por-09-095，青花纏枝紋筆插（圖 150、151），共 3 件，長 7.2、寬 5、高 2.3 公分，特徵為壁微傾，平底，口沿有三孔蓋，蓋內有管。施青花纏枝紋。

圖 152：編 Por-09-104，
青花花草筷籠

圖 153：Por-09-104
器底

Por-09-104，青花花草筷籠（圖 152、153），長 13、寬 7、高 15.4 公分，特徵為方口，直壁，圈足，平底。口沿施青花捲草紋，器壁施青花捲草飾帶、團花草紋。器底鏤空雙錢幣紋。

二、高溫彩瓷器

圖 154：編 Por-03-004，褐釉雙耳香爐

圖 155：Por-03-004 器底

Por-03-004，褐釉雙耳香爐（圖 154、155），口徑 17.5、高 12.6 公分，特徵為撇口，微束頸，圓腹，下接圈足，帶虯龍耳。灰白胎，外器表和口部內側施黑褐色釉。器外下腹、握把與口沿處有牛毛紋。

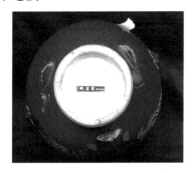

圖 156：編 Por-03-007，霽藍釉加彩圈足爐　　圖 157：Por-03-007 器底

Por-03-007，霽藍釉加彩圈足爐（圖 156、157），腹徑 21.7、底徑 12、高 13.3 公分，特徵為唇口外撇，直頸，窄圓肩，器腹圓弧下收，近底處有三尖足，僅為裝飾不接地，圈足底。器身外壁通體施霽藍釉，輔以低溫綠彩、金彩花草紋裝飾。胎色米白微黃。器身有牛毛紋。

圖 158：編 Por-09-091，　圖 159：Por-09-091　圖 160：Por-09-091
　彩繪太師瓷瓶　　　　背面　　　　　　器底

Por-09-091，彩繪太師瓷瓶（圖 158～160），腹徑 22、高 58.2 公分，特徵為敞口，束頸折肩，直斜腹，平底。全器施釉，胎釉色白。頸部有雙鈕，鈕作獸首銜環，器壁彩繪紅獅，器頸與身題太師詞句，左墨書兩直行「伯作寶鼎」、「子孫永用」，器身墨色題直書右至左「太師錫爵位三公」、「少保榮義殿永隆」、「老幼□初眞骨杉」、「同□富貴□□窮」、「□□黃海興作」。器底紅彩方框篆體四字款「黃海興號」。

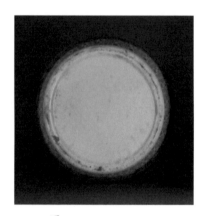

圖 161：編 Por-09-092，　　　　　圖 162：Por-09-092
廣彩人物花卉紋雙獅耳口花瓶　　　　　　　器底

　　Por-09-092，廣彩人物花卉紋雙獅耳口花瓶（圖 161、162），腹徑 20、高
45 公分，特徵爲花口外撇，束頸，弧肩，直腹，下接矮圈足，平底。頸部雙
獅爲耳。全器施釉，胎釉色白，雙耳施綠釉，頸處及器壁廣彩開光人物圖及
廣彩團花爲底，肩處雙蜥蜴雕飾。器表有牛毛，釉有氣孔。

圖 163：編 Por-09-093，　圖 164：Por-09-093　圖 165：Por-09-093
廣彩人物仕女瓷瓶　　　　　　背面　　　　　　　器底

　　Por-09-093，廣彩人物仕女瓷瓶（圖 163〜165），腹徑 21.5、高 41.5 公分，
特徵爲敞口，束頸，弧肩，直腹，下接矮圈足，平底。頸側有雙耳爲飾，瓶
身中段有明顯接胚痕跡。胎釉色白，全器施釉。器壁彩繪人物仕女、柳、岩
景及題字「告□」，身部直書二句四行右至左「□此碧□開滿樹」、「弍枝喜色到
人家」。

圖 166：編 Por-09-094，
廣彩神仙人物瓷瓶

圖 167：Por-09-094
器底

　　Por-09-094，廣彩神仙人物瓷瓶（圖 166、167），腹徑 22.5、高 58 公分，特徵爲敞口，束頸，折肩，直腹，下接矮圈足，平底。頸部虎首銜環紐。全器施釉，胎釉色白，紐施青藍釉，全器施廣彩神仙、人物、山水及樓閣。

圖 168：編 Por-09-050，
荷葉花瓣彩繪紋碗

圖 169：Por-09-050
器內壁

圖 170：Por-09-050
器底

　　Por-09-050，荷葉花瓣彩繪紋碗（圖 168-170），口徑 16.5、高 5.8 公分，特徵爲花瓣口，斜弧腹，下接圈足。器壁彩繪花草紋，足部二道紅色弦紋一圈。

圖 171：編 Por-09-051，
花草蝶紋彩瓷花口碗

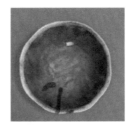
圖 172：Por-09-051
器內壁

圖 173：Por-09-051
器底

Por-09-051，花草蝶紋彩瓷花口碗（圖171-173），口徑17、高6公分，特徵為花口，圈足外撇。碗內施綠釉，外壁近口緣處一圈褐色弦紋及綠釉裝飾帶，器壁繪花草蝶紋，足部有紅色弦紋一圈。

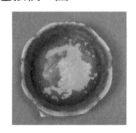
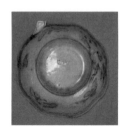

圖 174：編 Por-09-052，　　　圖 175：Por-09-052　　　圖 176：Por-09-052
花草蝶紋彩瓷花口碗　　　　　器內壁　　　　　　　　器底

Por-09-052，花草蝶紋彩瓷花口碗（圖174～176），口徑17、高6公分，特徵為花口，圈足外撇。碗內施綠釉，外壁近口緣處一圈褐色弦紋及綠釉裝飾帶，器壁繪花草蝶紋，足部有紅色弦紋一圈。

圖 177：編 Por-09-053，　　　　圖 178：Por-09-053
彩繪花草蝶紋碗　　　　　　　器內壁

Por-09-053，彩繪花草蝶紋碗（圖177、178），口徑13.6、高5.6公分，特徵為敞口，斜弧腹，下接圈足。胎白。碗壁彩繪花草蝶紋。器身有氣孔。

圖 179：編 Por-09-007，　　　　圖 180：Por-09-007
粉彩花卉喜字桃紋盤　　　　　器底

Por-09-007，粉彩花卉喜字桃紋盤（圖 179、180），徑 13.4、高 2.3 公分，特徵為花口，微撇，斜弧腹，圈足。盤心繪粉彩三囍、瓜果、纏枝。器壁粉彩簡筆草紋。器底心卍字紅款。

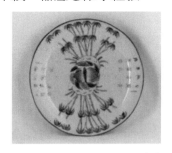

圖 181：編 Por-09-008，粉彩花卉桃紋盤　　　圖 182：Por-09-008 器底

Por-09-008，粉彩花卉桃紋盤（圖 181、182），徑 13.4、高 2.6 公分，特徵為花口，微撇，斜弧腹，圈足。盤心繪粉彩雙桃、竹叢，上下題字「肖踈碧拂云悉雅絕塵氣」、「明月啓風响青声枕上聞」，器壁繪粉彩簡筆草紋，器底心紅款「成化年製」。

圖 183：編 Por-09-009，粉彩花卉盤　　　圖 184：Por-09-009 器底

Por-09-009，粉彩花卉盤（圖 183、184），徑 13.2、高 2 公分，特徵為敞口，斜腹，矮圈足，足內平底。盤心彩繪團花紋，近口緣處四處彩繪花卉，圈足削釉。盤面有牛毛紋。

圖 185：編 Por-09-010，粉彩花果壽字瓷盤　　　圖 186：Por-09-010 器底

　　Por-09-010，粉彩花果壽字瓷盤（圖 185、186），徑 18.7、高 2.9 公分，特徵為敞口，斜腹，矮圈足，足內平底。盤心彩繪花果，近口緣處四處彩繪花卉及壽字。青白色胎，施透明釉。有氣孔及牛毛紋。

圖 187：編 Por-09-100，
粉彩花卉匙

圖 188：Por-09-100
正面

圖 189：Por-09-100
背面

　　Por-09-100，粉彩花卉匙（圖 187～189），匙面長 6、寬 4.6、高 5.5 公分，特徵為匙杯敞口，斜壁，下街平底，斜柄，圓柄端，繪有粉彩花卉紋。

圖 190：編 Por-09-070，
彩繪花卉鳥紋壺

圖 191：Por-09-070
器底

圖 192：Por-09-070
題字

　　Por-09-070，彩繪花卉鳥紋壺（圖 190～192），徑 13.4、高 2.6 公分，特徵為茶壺附蓋，有紐，繪有花樹、鳥之彩繪，題字「八大山人」。茶壺子母口，直壁，下接圈足，平底。曲流，連結於器壁。器壁彩繪牡丹花、青鳥，題字「花開富貴時在癸卯仲冬茂太作」及紅款「起口雪」。底有落款「官窯內造」。

圖 193：編 Por-09-071-1，
彩繪花卉瓷壺

圖 194：Por-09-071-1
器底

圖 195：編 Por-09-071-2，
彩繪花卉瓷壺

圖 196：Por-09-071-2
器底

　　Por-09-071，彩繪花卉瓷壺（圖 193～196），共 2 件，長 13、高 6.8 公分，兩款型制相似，特徵為茶壺附蓋，壽桃紐，繪有彩蝶花葉紋。茶壺子母口，直口，斜弧腹，下接圈足，平底。曲流，連結於器壁。器壁彩繪牡丹花，底有紅色方款。

圖 197：編 Por-09-072，彩繪人物茶壺

圖 198：Por-09-072 器底

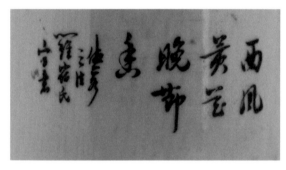
圖 199：Por-09-072 題字

Por-09-072，彩繪人物茶壺（圖 197～199），徑 11.5、高 13.5 公分，特徵為茶壺附蓋，有紐，溝槽處題字「臺中清泉玉」。茶壺子母口，束頸，斜折肩，直壁，直腹下接壁式底，肩上前後一對圓拱狀提環。曲流，流底壓印蝴蝶紋，連結於器壁。器壁彩繪童子、老翁、樹石，及題字「西風黃花晚節香」、「□家之□心維宿氏寓意」。底有落款。

圖 200：編 Por-09-096，粉彩人物筆筒

圖 201：Por-09-096 器底

Por-09-096，粉彩人物筆筒（圖 200、201），徑 7.5、高 12.7 公分，特徵為直口，厚唇，直壁，矮圈足，平底。器壁彩繪童子嬉戲、樹、風景圖。

圖 202：編 Por-09-097，粉彩人物筆筒　　　　圖 203：Por-09-097 題字

Por-09-097，粉彩人物筆筒（圖 202、203），長 6.7、寬 6.7、高 12 公分，特徵為直口、厚唇，直壁，平底內凹有足。器避開光彩繪人物、花鳥；題字「□產相見樂相識句」、「喜上眉梢」、「丁未九月□□代作」。

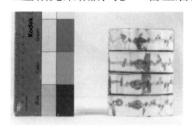

圖 204：編 Por-09-098，　　圖 205：Por-09-098　　圖 206：Por-09-098
　　粉彩人物花卉四節盒　　　　器頂　　　　　　　　器底

Por-09-098，粉彩人物花卉四節盒（圖 204～206），徑 13.4、高 2.6 公分，特徵為直口，直壁，矮圈足，平底。頂彩繪人物麒麟圖，器壁彩繪纏枝花卉。

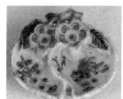

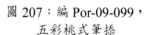

圖 207：編 Por-09-099，　　　　　　　圖 208：Por-09-099
　　五彩桃式筆捵　　　　　　　　　　　器底

Por-09-099，五彩桃式筆捵（圖 207、208），長 9.2、寬 8.5、高 2.5 公分，特徵為雙桃造型，上有葉與花，碟分二格，底接三足。器面彩繪桃花、花卉紋飾。

三、其他高溫瓷器

圖 209：編 Por-03-005，青瓷三乳足爐

圖 210：Por-03-005 器底

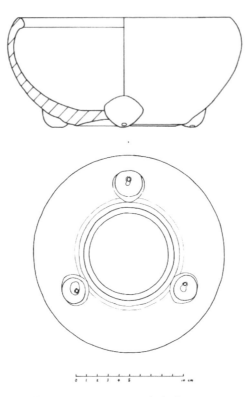

圖 211：Por-03-005 線繪圖〔註12〕

上圖為側面線繪圖，下圖為器底線繪圖

〔註12〕由梁雅雲於民國 104 年 7 月 21 日繪製、《臺中市萬和宮暨文物館文物登錄與研究計畫》計劃提供。

　　Por-03-005，青瓷三乳足爐（圖 209、210），腹徑 17.6、高 8 公分，特徵為敞口，圓腹，圓珠式三乳足，器底圓形露胎可見環狀支燒痕，底心微凹。釉色青綠，有開片。

圖 212：編 Por-03-006，青瓷圈足爐　　　　圖 213：Por-03-006 器底

　　Por-03-006，青瓷圈足爐（圖 212、213），徑 12.3、底徑 9.2、高 8 公分，特徵為平沿直筒形器壁，圈足，足內無釉，內見一圈支燒痕，足心內挖，全器施青瓷釉，釉色灰青，釉面開片，裂紋呈現黑褐色與黃褐色。

圖 214：編 Por-03-008，白瓷三乳足香爐　　　圖 215：Por-03-008 器底

　　Por-03-008，白瓷三乳足香爐（圖 214、215），徑 10.6、高 10.6 公分，特徵為厚唇，直腹，平底略凸，三乳形足。施米白釉，內腹未施釉。胎白偏黃。

圖 216：編 Por-09-054，青灰釉碗　　　　圖 217：Por-09-054 45 度角

　　Por-09-054，青灰釉碗（圖216、217），口徑21.5、底徑9.6、高4.3公分，特徵爲敞口，斜壁，平底。灰白胎，施灰青色釉，器心澀圈，圈足尖與底無釉。器底朱色印泥，右側墨跡直書「符□」。器外壁稍有縮釉，內外緣皆稍有開片。

圖218：編Por-09-034，　　　圖219：Por-09-034　　　圖220：Por-09-034
　　　　青瓷盤　　　　　　　　　器內壁　　　　　　　　　器底

　　Por-09-034，青瓷盤（圖218～220），口徑19.5、底徑13.2、高4.5公分，特徵爲敞口，淺斜腹，下接圈足，底微凹。器壁模印直道紋。圈足底有5個支釘痕跡，全器有開片。白胎。盤心氣孔，並有少許牛毛紋。

圖221：編Por-09-035，黑釉茶碗　　　圖222：Por-09-035器底

　　Por-09-035，黑釉茶碗（圖221、222），共6件，口徑約8.3、高約4.5公分，特徵爲撇口，直頸，折肩，斜腹，下接圈足。灰白胎施藍褐色釉，下腹無釉。

圖223：編Por-09-083，白瓷杯　　　圖224：編Por-09-083 45度角

　　Por-09-083，白瓷杯（圖223、224），口徑5.6、高2.7公分，特徵爲敞口、斜腹下收、圈足。

圖 225：編 Por-09-084，白瓷杯　　　　　圖 226：Por-09-084 45 度角

　　Por-09-084，白瓷杯（圖 225、226），口徑 5.6、高 2.7 公分，特徵為敞口、斜弦腹下收、圈足，口沿修胚不完整，圈足底有施釉不均及黏釉現象。

圖 227：編 Por-09-102，白瓷米粿印　　　圖 228：Por-09-102 器底

　　Por-09-102，白瓷米粿印（圖 227、228），徑 10.8、高 2.7 公分，特徵為厚唇平沿，高圈足。正面壓印模具圖案製成。器內壁陰刻葵花形圖飾。全器多牛毛紋。

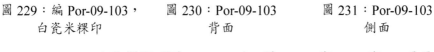

圖 229：編 Por-09-103，　　圖 230：Por-09-103　　圖 231：Por-09-103
　　白瓷米粿印　　　　　　　　背面　　　　　　　　　側面

　　Por-09-103，白瓷粿印（圖 229～231），長 10.2、寬 6.4、高 4.4 公分，特徵為長方形瓷質粿印，灰白胎底，上透明釉。全器施釉，底部無施釉。全器各面陰刻圓型花朵與壽桃紋、花生紋、草葉紋、魚。全器除底座外各面皆有開片痕跡，圓形花朵面有縮釉現象。

四、高溫硬陶

圖 232：編 Pot-03-001，
綠釉三乳足爐

圖 233：Pot-03-001
器內壁

圖 234：Pot-03-001
器底

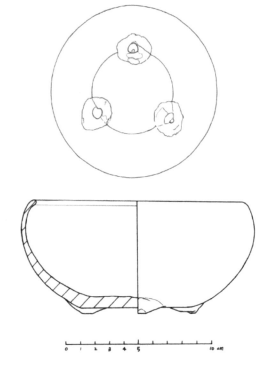

圖 235：Pot-03-001 線繪圖 〔註13〕

圖左爲器底線繪圖，圖右爲側面線繪圖

　　Pot-03-001，綠釉三乳足爐（圖 232～234），腹徑 16、高 7.5 公分，特徵
爲圓唇歛口，圓鼓腹，三乳足。器內可見拉坯痕。施綠釉。

〔註13〕 由梁雅雲於民國 104 年 9 月 23 日繪製、《臺中市萬和宮暨文物館文物登錄與
　　　　研究計畫》計劃提供。

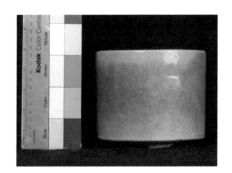

圖 236：編 Pot-03-002，　　　　　　圖 237：Pot-03-002
綠釉直筒形三足爐　　　　　　　　　　器底

　　Pot-03-002，綠釉直筒形三足爐（圖 236、237），腹徑 14.7、高 12.6 公分，特徵爲平沿，直筒形器壁，平底，三尖足。外壁施低溫透明綠釉，釉色黃綠，開片細碎。器底施白色化妝土。

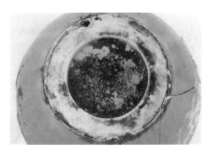

圖 238：編 Pot-03-003，綠釉缽式爐　　圖 239：Pot-03-003 器底

　　Pot-03-003，綠釉缽式爐（圖 238、239），口徑 20、腹徑 24、高 12 公分，特徵爲斂口，折肩，圓腹下縮圈足，凹底，腹側一圈八卦字紋。施綠釉。

圖 240：編 Pot-09-006，　　圖 241：Pot-09-006　　圖 242：Pot-09-006
加彩開光五梅壺　　　　　　器頂　　　　　　　　　器底

　　Pot-09-006，加彩開光五梅壺（圖 240～242），徑 11.3、高 8 公分，特徵爲子母口，圓肩，短流，弧腹，平底。口緣有四繫，接弧把。臥式蓋，中心有一鈕。全器加彩，壺身繪有開光花草紋飾。

圖 243：編 Pot-09-007，
五梅壺

圖 244：Pot-09-007
器頂

圖 245：Pot-09-007
器底

Pot-09-007，五梅壺（圖 243～245），腹徑 11.5、足徑 9.5、高 9 公分，特徵為子母口，直頸，四繫，斜肩，提把，淺弧腹，凹底。施醬釉不及底。

圖 246：編 Pot-09-008，加彩花卉壺

圖 247：Pot-09-008 器底

Pot-09-008，加彩花卉壺（圖 246、247），腹徑 7.6、高 6.8 公分，特徵為蓋有紐，繪有加彩花卉紋。直口，斜頸，弧肩，短流，弧腹，平底，矮圈足。器壁施加彩花卉紋，底有印「老安燒製」。

圖 248：編 Pot-09-009，紫砂壺

圖 249：Pot-09-009 器底

Pot-09-009，紫砂壺（圖 248、249），徑 9.5、高 7.8 公分，特徵為圓蓋頂有珠，珠中有孔，蓋繫於把上，折腹，下段內收，底內凹。底印方框篆體「楊羨黎陶」印章款。

圖 250：編 Pot-09-010，綠釉提樑注壺　　　圖 251：Pot-09-010 器底

　　Pot-09-010，綠釉提樑注壺（圖 250、251），腹徑 20、高 21 公分，特徵為外部施綠釉不及底，器內無釉。平頂，頂上帶一紐蓋，中段凸起拱形圓提把兩端豎耳，器腹以接胚凸起弦紋分上下段，上段接平口短頸流嘴，下段微斂，平底。

圖 252：編 Pot-09-001-1，　　　　　圖 253：編 Pot-09-001-2，
　　　　雙龍搶珠紋缸　　　　　　　　　　　雙龍搶珠紋缸

　　Pot-09-001，雙龍搶珠紋缸（圖 252、253），共 2 件，腹徑 48、高 44 公分；腹徑 44.3、高 40 公分，兩件形制相似，特徵為口處爲多瓣形，身上寬下窄，圓腹。釉底爲青綠色，身上棕色釉，再施以化妝土雙龍搶珠紋飾，及上方二方回紋。裝有滿水及浮萍。

圖 254：編 Pot-09-002，水缸

Pot-09-002，開光花草鳥紋缸（圖 254），徑 69、高 61 公分，特徵爲八角形水缸，口徑大、平口有折沿，斜腹足部內收，底微凹，內底平而微凸。全器施釉，內部與口沿爲綠色，器表施化妝土紋雙回紋、繩紋、八面窗格飾花草或鳥紋、三角瓣紋與捲草。

圖 255：編 Pot-09-003，雙龍搶珠紋缸

Pot-09-001，雙龍搶珠紋缸（圖 255），口徑 40、腹徑 56、高 71 公分，特徵爲大型水缸，短頸、上身寬、下窄。釉底爲棕色，並施化妝土金色二方捲草紋、雙龍搶珠。

圖 256：編 Pot-09-004，花草鶴紋缸

　　Pot-09-004，花草鶴紋缸（圖 256），長 71、寬 53、高 28 公分，特徵為橢圓形水缸，平口有折沿，口大斜壁下內收，全器施褐釉，表面施化妝土，器壁分四格，有鶴紋，短側繪花草。內有水，與另一小盆，盆內有土與浮藻植物。

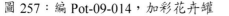

圖 257：編 Pot-09-014，加彩花卉罐

圖 258：Pot-09-014 器底

　　Pot-09-014，加彩花卉罐（圖 257、258），口徑 10、腹徑 14.1、高 12.5 公分，特徵為厚唇，短頸，圓肩，斜腹，上部微鼓，下部略收，平底，假圈足。淺碟形蓋，中央有一小孔，孔兩側各鈐一卍字紋印記。頸、肩、腹部略施紋飾，紋樣先以淺藍釉為底，再以藍釉勾描。腹部繪牡丹，頸、肩、腹飾如意雲頭紋、簡化蔓草紋及竹葉紋。底有印及「鑒定滬 3」火漆。

圖 259：編 Pot-09-015，綠釉折沿陶罐　　　　圖 260：Pot-09-015 器底

　　Pot-09-015，綠釉折沿陶罐（圖 259、260），口徑 16.8、腹徑 17.3、高 14.8
公分，特徵為撇口，厚唇，束頸，鼓腹，斜壁，下接凹底。外壁施釉，器腹
內壁、器底內外皆露胎，釉色碧綠，口沿及下腹處施醬釉，胎色紅褐。口沿
沾有窯渣，器外有縮釉與氣孔，器壁有牛毛紋。

圖 261：編 Pot-09-016，　　　　　　　　圖 262：Pot-09-016
褐釉拍印網格紋硬陶罐　　　　　　　　　　　器底

　　Pot-09-016，褐釉拍印網格紋硬陶罐（圖 261、262），口徑 16.5、腹徑 21.5、
高 23.5 公分，特徵為撇口、弧唇、束頸、弧肩、斜壁下收一凹弧底，全器施
以深褐釉。弧肩處施有直線拍印紋，接斜壁處亦施有一圈橫斜線拍印紋，斜
壁處內外壁皆可見拉坯痕。

圖 263：編 Pot-09-017-1，
褐釉絃紋硬陶罐

圖 264：Pot-09-017-2，
褐釉絃紋硬陶罐

圖 265：Pot-09-017-3，
褐釉絃紋硬陶罐

圖 266：Pot-09-017-4，
褐釉絃紋硬陶罐

　　Pot-09-017，褐釉絃紋硬陶罐（圖 263～266），口徑約 10.5、腹徑約 25、高約 35 公分，共 4 件，形制相似，特徵爲圓唇，撇口，束頸，斜肩弧腹下收平底微凹，胎色深褐，器外壁施以醬褐釉，器外壁肩部施以拍印紋，弧腹處斜刻有三道浮雕絃紋。

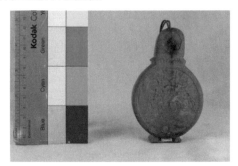

圖 267：編 Pot-09-034，煙絲盒

圖 268：Pot-09-034 背面

　　Pot-09-034，煙絲盒（圖 267、268），最長 10.7、最寬 6.5、高 2.8 公分，特徵爲瓶形煙絲盒。頭部爲橢圓形，身部爲圓形，底座爲一梯形。頭部有花飾，一面有勾環，身部一面刻有蓮花，一面刻有花、鳥、鹿。

第二節　館藏陶瓷器年代分析

　　就器物所屬年代與功能特徵觀之，所有萬和宮文物館館藏中國燒製陶瓷年代大致可分為：宋元時期、清代（包含 18 世紀後半至 20 世紀初）、日治時期（20 世紀前半）、近代（包含戰後初期、20 世紀中後），共四個時期。而大體說，萬和宮文物館所收藏中國燒製陶瓷文物，以清末（19 世紀末至 20 世紀初）製品為主。

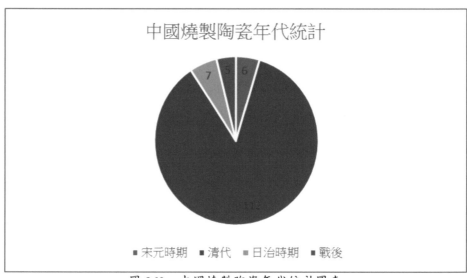

圖 269：中國燒製陶瓷年代統計圖表

一、宋元時期

1. 餐飲用器

　　Por-09-035，黑釉茶碗（圖 270、271），其釉黑中帶青、綠及透明光，底無施釉，可見胎白中泛黃及灰白，可見氣孔，目前所知福建各地有相當數量的窯廠生產黑釉碗。其中胎色與碗形較類似萬和宮文物館收藏者，可見於中國福建地區武夷山遇林亭窯（圖 274）、福清東張窯（圖 275）、大橋窯（圖 276）、寧德飛鸞窯（圖 277）以及閩侯鴻尾窯（圖 278）出土及福建連江縣定海灣出水水吉窯（圖 279、280）、〔註14〕半洋礁一號沉船（圖 281）、長樂東洛島沈船（圖 282）等等。〔註15〕

〔註14〕曾凡，《福建陶瓷考古概論》（福州：福建省地圖出版社，2001 年），頁 41〜43。
〔註15〕羊澤林，〈福建閩江中下游時期的陶瓷生產與外銷〉，《文化交流與信仰傳播國際學術研討會——東亞考古文物專題》（臺南：國立臺南藝術大學，2015 年），頁 D-14〜D-17。

　　根據連江縣定海灣出水水吉窯黑釉茶碗，[註16] 其特色為釉薄呈茶色，釉中可見氣泡，而釉面呈現斑狀，全器以下的三分之一為露胎無施釉，所屬年代約在南宋至元代。[註17] 而半洋礁一號宋代沉船出水標本，瓷器主要為福清張東窯的黑釉碗，以及從銅錢來看，大部分為北宋年號；[註18] 長樂東洛島沈船則主要採集福建南平茶洋窯安後山窯址的黑釉碗。[註19]

圖 270：萬和宮 Por-09-035，黑釉茶碗

圖 271：萬和宮 Por-09-035，黑釉茶碗

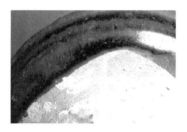

圖 272：萬和宮黑釉茶碗胎白帶黃

圖 273：萬和宮黑釉茶碗胎可見氣孔

圖 274：武夷山遇林亭窯黑釉茶碗
出自《福建陶瓷考古概論》，頁 41。

圖 275：東張窯黑釉茶碗
出自《福建陶瓷考古概論》，頁 42～43。

[註16] 龜井明德，《福建省古窯跡出土陶瓷器の研究》，頁 68。

[註17] 龜井明德，《福建省古窯跡出土陶瓷器の研究》，頁 68～74。

[註18] 羊澤林，〈福建閩江中下游時期的陶瓷生產與外銷〉，頁 D-15；羊澤林，〈福建漳州半洋礁一號沈船遺址的內涵與性質〉，《海洋遺產與考古》（北京：科學出版社，2012 年），頁 50～59。

[註19] 羊澤林，〈福建閩江中下游時期的陶瓷生產與外銷〉，頁 D-16～D-17；福建博物院文物考古研究所等，〈長樂市東洛島沈船遺址水下考古調查報告〉，《福建文博》第 4 期，2014 年，頁 14～23。

圖 276：大橋窯黑釉茶碗
出自《福建陶瓷考古概
論》，頁 42～43。

圖 277：飛鸞窯黑釉茶碗
出自《福建陶瓷考古概
論》，頁 42～43。

圖 278：鴻尾窯黑釉茶碗
出自《福建陶瓷考古概
論》，頁 42～43。

圖 279：連江縣定海灣出水水吉窯黑釉碗
出自《福建省古窯跡出土陶瓷器の研
究》，頁 69。

圖 280：連江縣定海灣出水水吉窯黑釉碗
出自《福建省古窯跡出土陶瓷器の研
究》，頁 72。

圖 281：半洋礁一號沉船出水黑釉碗
出自〈福建閩江中下游時期的陶瓷生產
與外銷〉，頁 D-16。

圖 282：長樂東洛島沈船出水福建南平茶
洋窯安後山窯址黑釉碗
出自〈福建閩江中下游時期的陶瓷生產
與外銷〉，頁 D-17。

二、清代

（一）中晚期（18 世紀末至 19 世紀初）

1. 餐飲用器

Por-09-001，青花花卉紋盤（圖 283），目前可見泰興號（Tek sing）沈船
（圖 286）〔註20〕及 1830 年 Desaru 號沈船（圖 287）〔註21〕有出水相似器物，

〔註20〕 Nagel Auctions, Tek Sing Treasures., pp. 98～99.
〔註21〕 Brown, R., & Sjostrand, S., Maritime Archaeology and Shipwreck Ceramics in
Malaysia. colour plate 97

此器物爲景德鎮製；臺灣則在鶯歌有相似器物（圖 289），[註22] 產地爲中國福建一帶。[註23]

圖 283：萬和宮
Por-09-001，
青花花卉紋盤

圖 284：萬和宮
Por-09-001
鑒定火漆印

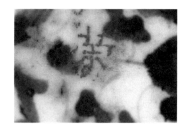

圖 285：萬和宮
Por-09-001
鏨刻字

圖 286：泰興號沈船出水出水青花
花卉紋盤
出自「Tek Sing Treasures.」pp. 98.

圖 287：Desaru 號沈船出水青花花卉紋盤
出自「Maritime Archaeology and
Shipwreck Ceramics in Malaysia.」
colour plate 97.

圖 288：中國清中晚期青花花卉紋盤
出自《民間清中晚期青花瓷器圖鑑》，
頁 46。

圖 289：鶯歌陶瓷博物館藏青花淺盤
出自《鶯歌陶瓷史》，頁 032～33。

〔註22〕徐文琴、周義雄合著，《鶯歌陶瓷史》，頁 032～33。
〔註23〕余繼明，《民間清中晚期青花瓷器圖鑑》（杭州：浙江大學出版社，2003 年），
頁 46～47。

　　Por-09-002、Por-09-003、Por-09-004，青花靈芝紋盤（圖 290-292），此類青花盤目前出土地區可見於中國福建德化坎腳窯（圖 294）、〔註24〕後寮埯窯、〔註25〕寶寮格窯（圖 295）、〔註26〕潯中鎮（圖 296）、〔註27〕安溪龍涓銀坑窯（圖 297）、潮州窯系（圖 298、299），〔註28〕亦有少部分出自江西景德鎮製作；〔註29〕印尼出水泰興號沈船（圖 302）；〔註30〕日本長崎出土清代陶瓷（圖 303）、〔註31〕大阪府茶屋町遺址出土仙芝祝壽紋碗（圖 304）是日本出土量多的製品。〔註32〕

　　而臺灣各地遺址也經常發現此類器形碗盤，如新竹清華大學雞卵面公墓遺址、〔註33〕古笨港遺址（圖 305）、〔註34〕板頭村遺址（圖 306）、〔註35〕臺南新寮遺址（圖 307）〔註36〕及高雄市立歷史博物館傳世品（圖 308）〔註37〕等等。此種類型青花碗分布普遍，各地窯址與臺灣各地皆可發現，另有其他器形，如杯、碗、匙等等。從上述出土及出水資料來看，研判本類青花瓷盤年代約為清乾隆到道光年間（18 世紀至 19 世紀前半）。

　　根據郭聖偉《臺南中寮遺址出土陶瓷及相關研究》將此類纏枝靈芝紋青花瓷器分為三類型：〔註38〕

〔註24〕陳建中，《中國福建古陶瓷標本大系：德化窯》，頁 41。
〔註25〕陳建中，《中國福建古陶瓷標本大系：德化窯》，頁 100。
〔註26〕陳建中，《中國福建古陶瓷標本大系：德化窯》，頁 122。
〔註27〕陳建中，《德化民窯青花》，頁 34。
〔註28〕曾凡，《福建陶瓷考古概論》，頁 74。
〔註29〕中國陶瓷編輯委員會，《景德鎮民間青花瓷器》（上海：上海人民美術出版社，1994 年），圖 205。
〔註30〕Nagel Auctions, Tek Sing Treasures., pp. 112～113.
〔註31〕扇浦正義，〈長崎出土の清朝陶磁〉，《貿易陶磁研究》，NO.19，1999，頁 33。
〔註32〕堀內秀樹，〈17 世紀到 19 世紀日本出土的貿易陶瓷〉，《文化交流與信仰傳播國際學術研討會——東亞考古文物專題》（臺南：國立臺南藝術大學，2015 年），頁 C-9～C-10。
〔註33〕李匡悌，《國立清華大學新校區雞卵面公墓清理及遷移歷史考古學監控及搶救計畫》，圖 53～54。
〔註34〕蔡承祐，《笨港出土文物》（雲林縣北港鎮：雲縣笨港合和民俗發展協會，2001 年），頁 115。
〔註35〕何傳坤、劉克竑主編，《板頭村遺址標本圖鑑：清代諸羅縣笨港縣丞署出土遺物》（臺中市：自然科學博物館，2004 年），頁 16。
〔註36〕國立臺灣史前文化博物館，《新寮遺址搶救發掘研究計畫期末報告》（財團法人樹谷文化基金會，2010 年），頁 125。
〔註37〕盧泰康撰，《高雄市立歷史博物館典藏專輯：凝鍊初心‧館藏陶瓷文物篇》（高雄市：高雄史博館，2016 年），頁 70。
〔註38〕郭聖偉，《臺南中寮遺址出土陶瓷及相關研究》，頁 163～164。

1. **雙面施繪類型**：器壁內外皆繪有纏枝靈芝紋飾，以福建德化窯系最為常見。

2. **單面紋飾類型**：僅於器壁外側施繪紋飾，或僅帶數道弦紋，器形以碗為主，產地多以閩南廣東一帶為主。

3. **簡約型**：僅以簡單筆畫勾勒分線與靈芝紋。

根據以上分類，可得知萬和宮所藏青花靈芝紋盤屬第一類型器。

圖 290：萬和宮
Por-09-002，
青花靈芝紋盤

圖 291：萬和宮
Por-09-003，
青花靈芝紋盤

圖 292：萬和宮
Por-09-004，
青花靈芝紋盤

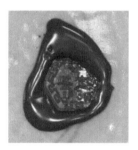

圖 293：Por-09-002
鑒定火漆印

圖 294：德化坎腳窯
出土青花靈芝紋盤
出自《中國福建古陶
瓷標本大系：德化
窯》，頁 41。

圖 295：後寮埯窯、
寶寮格窯出土青花靈芝紋盤
出自《中國福建古陶瓷標本大系：
德化窯》，頁 100。

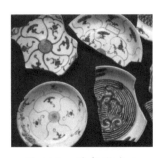

圖 296：潯中鎮出土
青花靈芝紋盤
出自《德化民窯青花》，
頁 34。

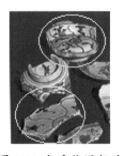

圖 297：安溪龍涓銀坑
窯出土青花靈芝紋盤
出自《福建陶瓷考古
概論》，頁 74。

圖 298：潮州窯出土青花靈
芝紋盤 2
現藏頤陶軒(潮州陶瓷民間
收藏家)，李建緯提供。

圖 299：潮州窯出土青花靈芝紋盤
現藏頤陶軒（潮州陶瓷民間收藏家），
李建緯提供。

圖 300：德化陶瓷博物館
館藏青花靈芝紋盤
筆者攝於 2015.07.25。

圖 301：德化陶瓷博物館
館藏青花靈芝紋盤
筆者攝於 2015.07.25。

圖 302：印尼泰興號沈船出水
出自「Tek Sing Treasures.」pp.112-113.

圖 303：日本長崎出土
清代青花靈芝紋盤
出自《貿易陶磁研究》，頁 33。

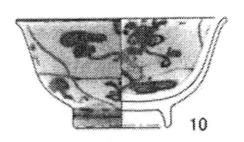

圖 304：大阪府茶屋町遺址出土
仙芝祝壽紋碗
出自〈17 世紀到 19 世紀日本出土的貿易
陶瓷〉，頁 C-27。

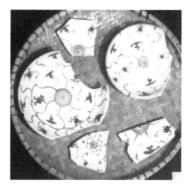

圖 305：古笨港遺址出土
青花靈芝紋盤
出自《笨港出土文物》，頁 115。

圖 306：板頭村遺址出土青花靈芝紋盤
出自《板頭村遺址標本圖鑑：清代諸羅縣
笨港縣丞署出土遺物》，頁 16。

圖 307：新寮遺址出土
青花靈芝紋盤
出自《新寮遺址搶救發掘
研究計畫期末報告》，
頁 125。

圖 308：高雄市立
歷史博物館藏
青花靈芝紋盤
筆者攝於 2017.05.21

圖 309：國立臺灣大學藝術
史研究所藏青花靈芝紋碗
出自《明清時期民窯青花瓷
特展》，頁 44。

　　Por-09-005，青花書生紋盤（圖310），目前可見印尼泰興號（Tek Sing）沈船出水相似器物（圖312），[註39]出土地區有中國福建德化下坂窯（圖313）、南埕瓷窯壠窯（圖314）、[註40]上湧鄉（圖315）及德化陶瓷博物館藏傳世品（圖316）；[註41]考古遺址出土相似器物，目前可見臺灣嘉義縣新港鄉板頭村（圖317）、[註42]古笨港朝天宮中央市場地點（圖318）。[註43]這類作品圖像多出現於「經籍既盛，學術斯昌」的乾隆嘉慶時期，[註44]而從出土資料來看，年代範圍約在清乾隆至清代晚期。另外於《福建陶瓷》一書中，關於德化青花的裝飾藝術一篇中，可看見書生讀書紋飾（圖319）。[註45]由出土、考古以及博物館藏品、民間傳世品來看，此種青花書生紋盤的標準母題為，書生、左側有書桌及香爐，右側則有欄杆湖石，上半部會題青花字「晨興半名香」、「晨興半柱香」或「晨興半柱名香」，並可推測在德化青花瓷器中常出現此種母題的器物。

圖310：萬和宮 Por-09-005，　　　　　　圖311：萬和宮 Por-09-005
　　　　青花書生紋盤　　　　　　　　　　　　　青花題字

〔註39〕Nagel Auctions, Tek Sing Treasures., pp. 97.

〔註40〕陳建中，《中國福建古陶瓷標本大系：德化窯》，頁 70。

〔註41〕陳建中，《德化民窯青花》，頁 38、49。

〔註42〕何傳坤、劉克竑主編，《板頭村遺址標本圖鑑：清代諸羅縣笨港縣丞署出土遺物》（臺中市：自然科學博物館，2004 年），頁 16、55；何傳坤、劉克竑、陳浩維，《嘉義縣新港鄉板頭村遺址考古試掘報告》（新港文教基金會，1999 年），頁 147。

〔註43〕蔡承祐，《笨港出土文物》（雲林縣北港鎮：雲縣笨港合和民俗發展協會，2001 年），頁 108。

〔註44〕筆者見於福建德化陶瓷博物館說明。

〔註45〕葉文程、林忠干，《福建陶瓷》（福建：福建人民出版，1993 年），頁 271。

圖 312：印尼泰興號沈船出水
青花書生紋盤
出自「Tek Sing Treasures.」pp.97.

圖 313：德化下坂窯出土
青花書生紋盤
出自《中國福建古陶瓷標本大系：德
化窯》，頁 70。

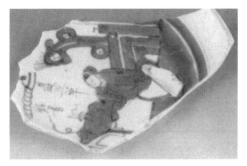

圖 314：南埕瓷窯壠窯出土
青花書生紋盤
出自《中國福建古陶瓷標本大系：德
化窯》，頁 109。

圖 315：上湧鄉出土青花書生紋盤
出自《德化民窯青花》，頁 38。

圖 316：德化陶瓷博物館館藏
青花書生紋盤

筆者攝於 2015.07.25。

圖 317：板頭村遺址出土
青花書生紋盤
出自《板頭村遺址標本圖鑑：清代諸
羅縣笨港縣丞署出土遺物》，頁 16。

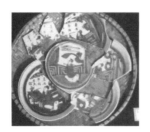

圖 318：古笨港遺址出土
青花書生紋盤
出自《笨港出土文物》，頁 108。

圖 319：德化青花裝飾
出自《福建陶瓷》，頁 271。

　　Por-09-007、Por-09-008，粉彩花卉喜字桃紋盤、粉彩花卉桃紋盤（圖 320），此種花果紋盤在清中晚期的中國德化窯系中時常製作，[註46] 可於中國德化陶瓷博物館見收藏相似紋飾器物（圖 323）。

圖 320：萬和宮 Por-09-007，粉彩花卉喜
字桃紋盤（圖右）、萬和宮 Por-09-008，
粉彩花卉桃紋盤（圖左）

圖 321：萬和宮 Por-09-008
喜字紋飾

圖 322：Por-09-007 題字，釉中夾沙

圖 323：德化陶瓷博物館所藏五彩盤
筆者攝於 2015.07.25。

2. 裝盛用器

　　Por-09-073、Por-09-074、Por-09-075、Por-09-076、Por-09-077，青花罐（圖 324、325、328、330、331），此罐形制常見於清代末期，19 世紀末至 20 世紀

[註46] 黃春淮、鄭金勤編，《德化青花・五彩瓷全書》（福州：福建美術出版社，2003 年），頁 305、319。

初，應該屬於中國南方窯業生產。〔註47〕此罐紋飾，「囍」字紋、線繪捲葉纏枝紋及牡丹紋，皆常見於清代中晚期青花瓷器常見之裝飾風格。〔註48〕

圖 324：萬和宮 Por-09-073，
青花纏枝紋盤

圖 325：萬和宮 Por-09-074，
青花團花纏枝紋盤

圖 326：中國晚清青花纏枝紋盤
出自《民間清中晚期青花瓷器圖
鑑》，頁 16。

圖 327：西伯利亞博物館藏
青花纏枝紋盤
出自《西伯利亞博物館收藏之中國瓷
器研究》，頁 81。〔註49〕

圖 328：萬和宮 Por-09-075，
青花囍字纏枝紋罐

圖 329：清代末期中國南方窯業
所產青花囍字纏枝紋罐
出自《民間清中晚期青花瓷器圖
鑑》，頁 18。

〔註47〕 余繼明，《民間清中晚期青花瓷器圖鑑》，頁 18。
〔註48〕 盧泰康，〈歷史文化與常民生活的縮影：綜論高雄市立歷史博物館典藏陶瓷〉，
　　　　頁 069～070。
〔註49〕 阿麗娜，《西伯利亞博物館收藏之中國瓷器研究》（逢甲大學歷史與文物研究
　　　　所碩士學位論文，2012 年），頁 81。

圖330：萬和宮
Por-09-076，
青花山水紋罐

圖331：萬和宮
Por-09-077，
青花山水紋罐

圖332：出水青花山水紋罐
出自 Chinses Export
Porcelain –Standard patterns
and forms, 1780 to1880.,
pp.380

3. 宗教祭祀用器

　　Por-03-001，青花直筒形圈足爐（圖333），具有相同特徵的完整傳世品，可見於臺灣鹿港城隍廟（圖336）、天后宮（圖337）、中港慈裕宮（圖338）。

　　鹿港城隍廟青花海水波濤龍紋青瓷爐有款「道光廿一年辛丑歲次桂月吉旦」，可知爲道光二十一年（1841）製作；中港慈裕宮青花瓷爐有款「光緒三十乙年立」，爲光緒三十一年（1905）製作，鹿港城隍廟青花海水波濤龍紋青瓷爐及中港慈裕宮青花瓷爐從胎質及工藝來看，可推測爲江西景德鎮所製。〔註50〕與鹿港城隍廟其製作工藝、造形與紋飾相同之器，可見於江西景德鎮陶瓷博物館收藏之「同治九年」款直筒形青花爐（圖339）。〔註51〕

　　曾燒製相同類型香爐的陶瓷產地，可見於閩南地區德化窯當地私人所收藏一件「光緒拾三年」直筒形青花爐（圖340）。〔註52〕根據紋飾造型比對，其釉色及紋飾較爲粗糙，萬和宮所藏此件青花瓷香爐應非景德鎮所產，而是屬於中國福建地區窯產。

圖333：萬和宮
Por-03-001，
青花直筒形圈足爐

圖334：萬和宮 Por-03-001
釉細部

圖335：萬和宮
Por-03-001
蟹足

〔註50〕李建緯，〈日照香爐生紫煙──鹿港天后宮所見香爐研究〉，《鹿港天后宮論文集》（彰化縣鹿港鎮：鹿港天后宮，2017），頁100。
〔註51〕盧泰康，〈臺灣南部寺廟收藏的傳世陶瓷香爐供器〉，頁45～55。
〔註52〕盧泰康，〈臺灣南部寺廟收藏的傳世陶瓷香爐供器〉，頁54。

圖 336：鹿港城隍廟青
花海水波濤龍紋青瓷爐
出自〈（第二期）彰化縣
古蹟中既存古物登錄文
化資產保存計畫〉，
頁 91。

圖 337：鹿港天后宮
青花筒式爐
筆者攝於 2017.03.31。

圖 338：苗栗中港慈裕宮
所見「光緒三十乙年」款
之青花爐
圖版來源：李建緯提供。

圖 339：江西景德鎮陶瓷博物館
收藏之「同治九年」款直筒形青
花爐
出自〈臺灣南部寺廟收藏的傳世
陶瓷香爐供器〉，頁 45-55。

圖 340：德化窯當地私人所收藏「光緒拾
三年」直筒形青花爐
出自〈臺灣南部寺廟收藏的傳世陶瓷香爐
供器〉，頁 54。

　　Por-03-002、Por-03-003，青花開光爐（圖 341、343），此形制器物常見於
福建德化所燒造之清代香爐祭器。爐身紋飾隨需求變化，可能為雜寶圖、博
古圖、開光人物、花草紋等。〔註53〕德化陶瓷博物館藏品之中可見類似之開光
青花瓷爐（圖 344）；〔註54〕澎湖白沙嶼通梁保安宮（圖 345、346）、澎湖文澳
聖真寶殿（圖 347）可見相似傳世器物。

〔註53〕黃春淮、鄭金勤編，《德化青花・五彩瓷全書》（福州：福建美術出版社，2003
　　　年）。

〔註54〕筆者於 2015 年 7 月參加「古文物專題研究」境外移地教學至福建地區進行文
　　　物訪察，於德化陶瓷博物館發現所藏一件青花開光爐，雖紋飾細部不同，但
　　　形制與萬和宮文物館所藏青花開光爐相似。

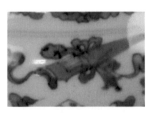

圖 341：Por-03-002，　　　　圖 342：Por-03-003　　　　圖 343：Por-03-003，
　青花雜寶開光爐　　　　　　　釉面細部　　　　　　　青花人物開光爐

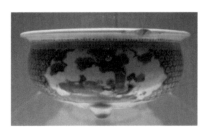

圖 344：德化陶瓷博物館所收藏　　　圖 345：澎湖白沙嶼通梁保安宮藏
　　　　開光青花爐　　　　　　　　　　　傳世青花開光爐
　筆者攝於 2015.07.25。　　　　　　　圖版來源：李建緯提供。

圖 346：澎湖白沙嶼通梁保安宮藏傳世青　　圖 347：澎湖文澳聖眞寶殿（原文澳清水祖
　　　　花開光爐　　　　　　　　　　　　　　　師廟所有）傳世青花開光爐
　　圖版來源：李建緯提供。　　　　　　　　　圖版來源：李建緯提供。

　　Por-03-004，褐釉雙耳香爐（圖 348），釉色黑褐帶沙，器內壁無施釉，可
見胎灰白，器內底帶沙。臺灣竹子山大墓有出土相似器物（圖 352、353），其
爲帶耳帶足的平底器，灰白胎，器外壁及口內側施黑褐色釉，器內壁則無施
釉。根據《竹子山大墓調查試掘計畫》〔註 55〕，竹子山厝地遺址發掘多件福建
中南部民窯產物，而其年代與漢人拓墾年代大約相同，約在清代中晚期。

〔註 55〕 郭素秋，《竹子山大墓調查試掘計畫》，頁 86～87。

圖 348：萬和宮 Por-03-004，
褐釉雙耳香爐

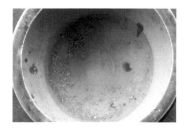

圖 349：萬和宮 Por-03-004
器內底帶沙

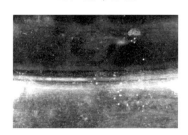

圖 350：Por-03-004，
釉色黑褐帶沙

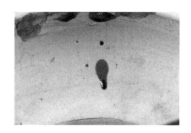

圖 351：Por-03-004，
器內壁無施釉，胎灰白

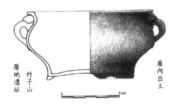

圖 352：竹子山厝地遺址屋內出土
香爐線繪圖
出自《竹子山大墓調查試掘計畫》，
頁 54。

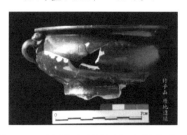

圖 353：竹子山厝地遺址屋內出土
香爐
出自《竹子山大墓調查試掘計畫》，
頁 54。

　　Por-03-005，青瓷三乳足爐（圖 354），器底圓形露胎可見環狀支燒痕，釉色青綠，有開片。目前臺灣可見相似器物於大村鄉貢旗村武魁祠（圖 356）、[註56] 西螺慶天堂（圖 357）、彰化鹿港興安宮（圖 358）、[註57] 臺南市開元寺（圖 359）、[註58] 澎湖吉貝武聖殿（圖 360）[註59] 有同型完整器物。

〔註56〕 王志宇計畫主持，《大村鄉志》（彰化縣大村鄉：彰縣大村鄉公所，2015），頁 518。
〔註57〕 李建緯，《（第二期）彰化縣古蹟中既存古物登錄文化資產保存計畫》，委託單位：彰化縣文化局，執行單位：逢甲大學歷史與文物研究所，2013 年，文物編號 XA-Ch-011。
〔註58〕 盧泰康，〈臺灣南部寺廟收藏的傳世陶瓷香爐供器〉，頁 40、49。

　　此種青瓷三乳足爐器形依據研究分析判斷，大部分來自福建南部漳洲地區（九龍江以南）的華安縣與南靖縣交界處，永豐溪上游東溪流域的東溪窯，〔註60〕以及南靖縣金山鎮荊都、通坑一帶的南靖窯爲大宗。東溪窯址出土各類遺物，大量燒製歛口三足白瓷香爐、三足青瓷爐。〔註61〕此外胎骨斷面灰白色，器底露胎塗抹鐵水的製作特徵，在東溪窯封門坑與松柏下窯址出土的碗、盤、碟、瓶形器中，皆很常見。

圖 354：萬和宮 Por-03-005，
青瓷三乳足爐

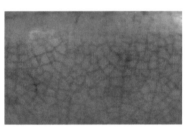

圖 355：萬和宮 Por-03-005
釉色青綠、開片

圖 356：大村鄉貢旗村武魁祠清晚期
漳州窯瓷香爐
出自《大村鄉志》，頁 518。

圖 357：西螺慶天堂青瓷三乳足爐
筆者攝於 2016.12.21

〔註59〕李建緯，《嘉義縣一般古物——布袋太聖宮魍港媽祖神像、新港奉天宮天上聖母往郡進香大旗古物調查研究及保存維護計畫》，委託單位：嘉義縣文化觀光局；執行單位：逢甲大學歷史與文物研究所，2017 年，頁 44。

〔註60〕盧泰康，〈臺灣考古出土與傳世的清代福建東溪窯陶瓷〉，《文化資產保存學刊》，第 39 期，2017 年，頁 23～57。

〔註61〕林焘、葉文程、唐杏煌、羅立華，〈福建華安下東溪頭窯址調查簡報〉，《東南文化》，1 期，1993 年，頁 231。

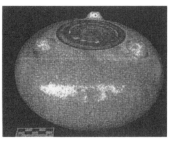

圖 358：臺南市開元寺所藏青瓷三乳足爐
出自〈臺灣南部寺廟收藏的傳世陶瓷香爐供器〉，頁 40。

圖 359：彰化鹿港興安宮所藏
乳突三足清瓷缽形香爐
出自〈（第二期）彰化縣古蹟中既存
古物登錄文化資產保存計畫〉，文物
編號 XA-Ch-011。

圖 360：澎湖吉貝武聖殿所藏
青瓷缽式三乳足爐
出自〈嘉義縣一般古物——布袋太聖
宮魍港媽祖神像、新港奉天宮天上聖
母往郡進香大旗古物調查研究及保
存維護計畫〉，頁 44。

　　Pot-03-001，綠釉三乳足爐（圖 361），器內無施釉可見拉坯痕（圖 362），
器外壁施綠釉。根據相關研究成果可知，此類綠釉香爐應屬中國福建南部漳
洲地區所燒造，目前可見出土地區有中國福建南靖窯（圖 363）、[註62]漳州窯
（圖 364）[註63]以及漳州市博物館有傳世藏品（圖 365）；臺灣可見地區有金
山竹子山厝地遺址（圖 366）、[註64]彰化大崙村原平堂（圖 367）[註65]以及
嘉義縣六腳鄉崙陽村居民祖傳藏品（圖 368）。[註66]

[註62]　吳其生，《中國福建古陶瓷標本大系：南靖窯》，頁 155。
[註63]　吳其生，《明清時期漳州窯》（福州：福建人民出版社，2015），頁 118。
[註64]　盧泰康，〈臺灣傳世與考古出土的清代東溪窯與南靖窯瓷〉，頁 A-17；《古
　　　　笨港遺址出土文物整理、修護與研究計畫》，頁 43。
[註65]　王志宇計畫主持，《大村鄉志》，頁 519。
[註66]　盧泰康，〈臺灣傳世與考古出土的清代東溪窯與南靖窯陶瓷〉，頁 A-16。

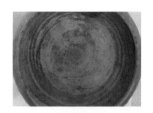

圖 361：萬和宮 Pot-03-001，　　　圖 362：萬和宮 Pot-03-001
　　　　綠釉三乳足爐　　　　　　　　　　器內拉坯痕

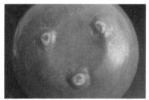

圖 363：南靖窯採集三乳足綠釉爐
出自《中國福建古陶瓷標本大系：南靖窯》，頁 155。

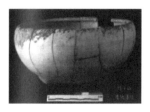

圖 364：清代漳州窯綠　　圖 365：漳州市博物館所　　圖 366：金山竹子山厝
　　　釉三乳足爐　　　　　　藏綠釉三乳足爐　　　　地遺址採集綠釉三乳
出自《明清時期漳州　　筆者攝於 2015.07.25　　　　　　足爐
　　窯》，頁 118。　　　　　　　　　　　　　　出自《古笨港遺址出土
　　　　　　　　　　　　　　　　　　　　　　文物整理、修護與研究
　　　　　　　　　　　　　　　　　　　　　　計畫》，頁 43。

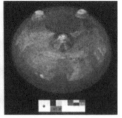

圖 367：彰化大崙村原平堂　　圖 368：嘉義縣六腳鄉崙陽村居民祖傳
　　　藏綠釉圓缽陶香爐　　　　　　　　三乳足綠釉爐
出自《大村鄉志》，頁 519。　　出自《文化交流與信仰傳播國際學術研討會——
　　　　　　　　　　　　　　　　東亞考古文物專題》，頁 A-17。

Pot-03-002，綠釉直筒形三足爐（圖 369），外壁施低溫透明綠釉，釉色黃綠，開片細碎，器底施白色化妝土。目前可見出土地區有中國福建南部漳洲地區的華安縣與南靖縣交界處，〔註 67〕永豐溪上游東溪流域的東溪窯；臺灣古笨港遺址、雲林縣北港鎮扶朝里（圖 371）〔註 68〕、西螺慶天堂（圖 372）〔註 69〕、碧雲寺傳世品（圖 373）。

古笨港遺址出土（現存雲林縣北港鎮扶朝里）綠釉直筒形香爐形制平沿，直筒形器壁，平底，三尖足。外壁施低溫透明釉，釉色黃綠，開片細碎。施釉不及底。胎直夾砂，胎色棕褐，外壁施白色化妝土，〔註 70〕器形與萬和宮直筒形綠釉三足爐同類。依據調查及過去學者研究推斷為閩南漳洲地區的東溪窯所產，可知時間約為清代（18 至 19 世紀）。

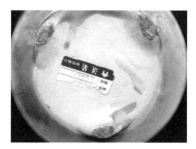

圖 369：萬和宮 Pot-03-002，
綠釉直筒形三足爐

圖 370：萬和宮 Pot-03-002
器底施白色化妝土

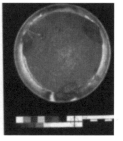

圖 371：雲林縣北港鎮扶朝里傳世直筒形綠釉香爐
出自《古笨港遺址出土文物整理、修護與研究計畫》，頁 43。

〔註 67〕 盧泰康，〈歷史文化與常民生活的縮影：綜論高雄市立歷史博物館典藏陶瓷〉，
《高雄文獻》，第四卷第三期，2014，頁 072。
〔註 68〕 盧泰康，《古笨港遺址出土文物整理、修護與研究計畫》，頁 43。
〔註 69〕 筆者於 2016 年 12 月 21 日，因應「雲林縣一般古物『西螺福興宮好義從風匾、
太平媽南投陶香爐』調查研究計畫」計畫案進行田野調查。
〔註 70〕 盧泰康，《古笨港遺址出土文物整理、修護與研究計畫》，頁 43。

圖373：碧雲寺所藏綠釉直筒形
三足爐
出自《古笨港遺址出土文物整
理、修護與研究計畫》，頁43。

圖372：西螺慶天堂所藏綠釉
直筒形三足爐
筆者攝於2016.12.21。

（二）後期（19世紀末至20世紀初）

1. 餐飲用器

Por-09-036、Por-09-037，青花花草紋折腰碗（圖374、375），圈足削釉，
Por-09-036釉色較灰藍。目前可見出土地區有中國福建德化、潮州（圖378）
及臺灣國立清華大學仙宮校區（圖379），〔註71〕國立清華大學仙宮校區簡筆花
草紋折腰碗，外形敞口，內外滿釉，碗心有畫押，內側口緣有簡筆花草紋，
內側有弦紋，外側繪有四處簡筆花草紋，二二相對，在折腰處有弦紋，圈足
削釉且呈泥鰍背。依據遺址出土年代約為19世紀清代。

圖374：萬和宮 Por-09-036，
青花花草紋折腰碗

圖375：萬和宮 Por-09-037，
青花花草紋折腰碗

〔註71〕李匡悌，《靈魂與歷史的脈動：論國立清華大學仙宮校區的墓葬形制和出土重
要文物》（新竹市：國立清華大學，2004年），頁171。

圖 376：萬和宮 Por-09-036，花草紋

圖 377：萬和宮 Por-09-037，花草紋

圖 378：潮州窯出土
青花折腰碗
現藏頤陶軒（潮州陶
瓷民間收藏家），李建
緯提供。

圖 379：清華大學仙宮校區出土
德化簡筆花草紋折腰碗
出自《靈魂與歷史的脈動：論國立清華大學仙宮校區
的墓葬形制和出土重要文物》，頁 171。

　　Por-09-041、Por-09-042、Por-09-043，青花花瓣紋碗（圖 380～382），胎
青灰，器身可見拉坯痕，器身多有氣孔及牛毛紋，青花紋飾可能爲桃紋或壽
字紋。目前可見窯口有中國安溪窯出產類似器物，及臺灣臺南安平五條港（圖
386）。安平五條港出土青花碗，胎壁厚薄適中，碗面微見拉坯弧紋，紋飾似
桃紋或壽字。〔註72〕依據安平五條港遺址出土可判斷年代約爲清末。

圖 380：萬和宮
Por-09-041，
青花花瓣紋碗

圖 381：萬和宮
Por-09-042，
青花花瓣紋碗

圖 382：萬和宮
Por-09-043，
青花花瓣紋碗

〔註72〕　鄭文彰，《曾生祥收藏──安平五條港出土文物集》（臺南縣麻豆鎮：南縣麻
豆鎮公所，2006 年），頁 149。

圖 383：萬和宮　　　　圖 384：萬和宮　　　　圖 385：萬和宮
Por-09-041 簡筆紋飾　Por-09-042 簡筆紋飾　Por-09-043 簡筆紋飾

圖 386：安平五條港出土青花碗
出自《曾生祥收藏——安平五條港出土文物集》，頁 149。

　　Por-09-044 至 Por-09-047，簡筆青花纏枝囍字紋碗（圖 387），胎面多有牛毛紋、開片、氣孔與爆釉現象。目前可見出土資料有福建德化石坊壠窯（圖 395）、閩粵〔註 73〕以及潮州（圖 396、397）一帶，臺灣傳世品可見於宜蘭蘭陽博物館（圖 398）〔註 74〕及高雄市立歷史博物館（圖 399）。〔註 75〕時間約為清中晚期至戰後。

圖 387：萬和宮 Por-09-045，簡筆青花纏枝囍字紋碗

〔註 73〕陳建中，《中國福建古陶瓷標本大系：德化窯》，頁 92；盧泰康，〈歷史文化與
　　　常民生活的縮影：綜論高雄市立歷史博物館典藏陶瓷〉，頁 093；廖仁義，《宜
　　　蘭的傳統碗盤》，頁 336。
〔註 74〕廖仁義，《宜蘭的傳統碗盤》，頁 336。
〔註 75〕盧泰康，〈歷史文化與常民生活的縮影：綜論高雄市立歷史博物館典藏陶瓷〉，
　　　頁 093。

圖 388：萬和宮
Por-09-044
囍字紋

圖 389：萬和宮
Por-09-045
囍字紋

圖 390：萬和宮
Por-09-046
囍字紋

圖 391：萬和宮
Por-09-047
囍字紋

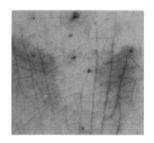
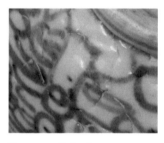
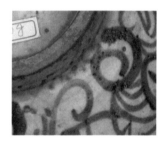

圖 392：萬和宮 Por-09-044
器內壁開片

圖 393：萬和宮 Por-09-045
器壁爆釉現象

圖 394：萬和宮 Por-09-045
器壁氣孔

圖 395：石坊壠窯出土
囍字紋碗
出自《中國福建古陶瓷標
本大系：德化窯》，頁 92。

圖 396：潮州窯出土
囍字紋碗
現藏頤陶軒（潮州陶瓷民間
收藏家），李建緯提供。

圖 397：潮州窯出土
囍字紋碗
現藏頤陶軒（潮州陶瓷民間
收藏家），李建緯提供。

圖398：蘭陽博物館藏青花印花雙喜碗
出自《宜蘭的傳統碗盤》，頁336。

圖399：高雄市立歷史博物館典藏
纏枝囍字紋青花碗
筆者攝於2017.5.21

　　Por-09-049，青花梵文碗（圖400、401），釉色灰青偏黃，碗心刮釉。目前可見中國南靖東溪窯（圖404）、〔註76〕臺灣笨港遺址（圖405）〔註77〕、安平五條港（圖406）〔註78〕及中寮遺址（圖407-409）〔註79〕有出土類似器物及印尼泰興號（圖410）〔註80〕有出水相似器物，以中國南方窯產為大宗，如德化窯、〔註81〕東溪窯、漳州窯、華安窯〔註82〕等。

　　根據郭聖偉《臺南中寮遺址出土陶瓷及相關研究》將此類青花碗，依照梵文差異分為二類：〔註83〕

　　1. 呈現多組「Ⅲ」字狀，反覆交錯排列，紋飾施繪多以手繪方式進行。

　　2. 以「Ⅱ≡」方式表現，紋飾施繪以手繪或印花方式皆有，手繪者品質較高。

　　萬和宮文物館所藏青花梵文碗，即為上述第二形器梵文手繪者。

〔註76〕 政協南靖縣委員會，《明清時期南靖東溪窯與對外貿易》（福州：福建人民出版社，2016），頁196。
〔註77〕 蔡承祐，《笨港出土文物》，頁121。
〔註78〕 鄭文彰，《曾生祥收藏──安平五條港出土文物集》，頁306。
〔註79〕 郭聖偉，《臺南中寮遺址出土陶瓷及相關研究》，頁26、35、48。
〔註80〕 Nagel Auctions, Tek Sing Treasures., P200～201.
〔註81〕 李匡悌，《靈魂與歷史的脈動：論國立清華大學仙宮校區的墓葬形制和出土重要文物》，頁54、145、163。
〔註82〕 吳其生、李和安編，《中國福建古陶瓷標本大系：華安窯》，頁137～139。
〔註83〕 郭聖偉，《臺南中寮遺址出土陶瓷及相關研究》，頁175～179。

圖 400：萬和宮 Por-09-049，
青花梵文碗

圖 401：萬和宮 Por-09-049-2，
青花梵文碗

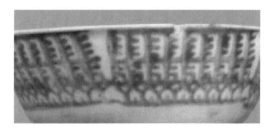

圖 402：萬和宮 Por-09-049 梵文紋飾

圖 403：萬和宮 Por-09-049-2 梵文紋飾

圖 404：南靖東溪窯出土青花梵文碗
出自《明清時期南靖東溪窯與對外貿
易》，頁 196。

圖 405：笨港遺址出土青花梵文碗
出自《笨港出土文物》，頁 121。

圖 406：安平五條港出土青花梵文碗
出自《曾生祥收藏──安平五條港出
土文物集》，頁 306。

圖 407：中寮遺址出土青花梵文碗
出自《臺南中寮遺址出土陶瓷及相關研究》，
頁 26。

圖 408：中寮遺址出土青花梵文碗
出自《臺南中寮遺址出土陶瓷及相關研究》，頁 35。

圖 409：中寮遺址出土青花梵文碗
出自《臺南中寮遺址出土陶瓷及相關研究》，頁 48。

圖 410：印尼泰興號出水青花梵文碗
出自「Tek Sing Treasures.」，P200-201.

　　Por-09-011、Por-09-012，青花湖石牡丹紋盤（圖 411），器內底與圈足內有少量的氣孔及夾沙（圖 413）。此類紋飾特徵爲盤心以奇石爲主題，並於周邊飾有竹葉、梅枝及水草等植物，下方飾以簡筆青花湖水波紋。

　　目前可見印尼泰興號（Tek Sing）沈船出水相似器物（圖 414），〔註84〕出土地區有中國福建德化窯口，〔註85〕相似藏品可見於德化陶瓷博物館（圖 415、416）。臺灣出土地區可見清華大學仙宮校區遺址（圖 417）、〔註86〕臺南中寮遺址（圖 418），〔註87〕相似藏品可見於宜蘭蘭陽博物館（圖 419）〔註88〕及鶯歌陶瓷博物館（圖 420、421）有相似藏品。依據出土、出水資料，可判斷時間約爲 19 世紀清代。

〔註84〕 Nagel Auctions, Tek Sing Treasures., pp. 143.
〔註85〕 李匡悌，《靈魂與歷史的脈動：論國立清華大學仙宮校區的墓葬形制和出土重要文物》，頁 166。
〔註86〕 李匡悌，《靈魂與歷史的脈動：論國立清華大學仙宮校區的墓葬形制和出土重要文物》，頁 166。
〔註87〕 郭聖偉，《臺南中寮遺址出土陶瓷及相關研究》，頁 39。
〔註88〕 廖仁義，《宜蘭的傳統碗盤》（宜蘭縣頭城鎮：宜蘭縣蘭陽博物館，2011 年），頁 288。

圖 411：萬和宮 Por-09-011，
青花湖石牡丹紋盤

圖 412：萬和宮 Por-09-011
器壁水波船紋

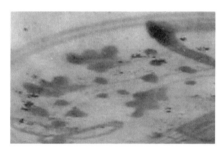

圖 413：萬和宮 Por-09-012
器內底夾沙及氣孔

圖 414：印尼泰興號沈船出水
青花湖石牡丹紋盤
出自「Tek Sing Treasures.」, P143.

圖 415：德化陶瓷博物館藏
青花湖石牡丹紋盤
筆者攝於 2015.07.25。

圖 416：德化陶瓷博物館藏
青花湖石牡丹紋盤
筆者攝於 2015.07.25。

圖 417：清華大學仙宮校區出土
出自《靈魂與歷史的脈動：論國立清華大學仙宮校區的墓葬形制和出土重要文
物》，頁 166。

圖 418：中寮遺址出土青花梵文碗
出自《臺南中寮遺址出土陶瓷及相關研
究》，頁 39。

圖 419：蘭陽博物館藏青花蘭花盤
出自《宜蘭的傳統碗盤》，頁 288。

圖 420：鶯歌陶瓷博物館藏
青花蘭花盤 1
筆者攝於 2017.03.13。

圖 421：鶯歌陶瓷博物館藏青花蘭花
盤 2 筆者攝於 2017.03.13。

　　Por-09-014，青花鯉魚盤（圖 422），胎灰白，施透明釉，全器多有氣孔及
牛毛紋（圖 425）。目前可見中國潮州窯有相似收藏傳品（圖 426），臺灣宜蘭
蘭陽博物館有相似物件（圖 427、428）。〔註89〕年代約為清末。

〔註89〕廖仁義，《宜蘭的傳統碗盤》，頁 280；陳庭宣主編，《典藏臺灣陶瓷：陶博館
　　　常設展》（新北：鶯歌陶瓷博物館，2010 年），頁 90。

圖 422：萬和宮 Por-09-014，
青花鯉魚盤

圖 423：萬和宮 Por-09-014
盤心草紋

圖 424：萬和宮 Por-09-014
青花鯉魚盤

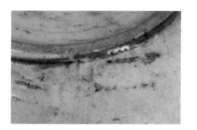

圖 425：萬和宮 Por-09-014
器壁氣孔

圖 426：潮州窯出土青
花鯉魚盤
現藏頤陶軒（潮州陶瓷
民間收藏家），李建緯提
供。

圖 427：宜蘭蘭陽博物
館藏青花鯉魚盤
出自《宜蘭的傳統碗
盤》，頁 280。

圖 428：鶯歌陶瓷博物
館藏青花鯉魚盤
出自《典藏臺灣陶瓷：
陶博館常設展》，頁 90。

　　Por-09-015、Por-09-016，青花梵文盤（圖 429、430），胎呈灰褐色。施白
釉，內底有澀圈。目前可見中國上樟彎橋窯址（圖 431）、〔註90〕福建德化陶瓷
博物館（圖 432）有類似器物；印尼泰興號（Tek sing）沈船（圖 433、434）

〔註90〕吳其生、李和安編，《中國福建古陶瓷標本大系：華安窯》，頁 137～139。

有相似出水器物；[註91] 臺灣宜蘭蘭陽博物館（圖 435）、[註92] 清華大學仙宮校區遺址（圖 436）、[註93] 安平五條港（圖 437）[註94] 亦有相似器物。年代約爲 19 世紀，應爲中國福建地區窯址所產。

圖 429：萬和宮 Por-09-015，
青花梵文盤

圖 430：萬和宮 Por-09-016，
青花梵文盤

圖 431：上樟灣橋窯出土青花梵文盤
出自《中國福建古陶瓷標本大系：華安
窯》，頁 137。

圖 432：福建德化陶瓷博物館藏品
青花梵文盤
筆者攝於 2015.07.25。

圖 433：泰興號出水青花梵文盤 1
出自「Tek Sing Treasures.」pp.300.

圖 434：泰興號出水青花梵文盤 2
出自「Tek Sing Treasures.」pp.301.

[註91] Nagel Auctions, Tek Sing Treasures., P300～301.
[註92] 廖仁義,《宜蘭的傳統碗盤》,頁 339。
[註93] 李匡悌,《靈魂與歷史的脈動：論國立清華大學仙宮校區的墓葬形制和出土重要文物》,頁 54、145、163。
[註94] 鄭文彰,《曾生祥收藏——安平五條港出土文物集》,頁 305。

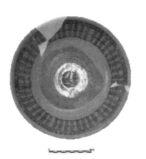

圖 435：宜蘭縣蘭陽博物館館藏
青花梵文盤
出自《宜蘭的傳統碗盤》，頁 339。

圖 436：清華大學仙宮校區遺址出土
青花梵文盤
出自《靈魂與歷史的脈動：論國立清
華大學仙宮校區的墓葬形制和出土
重要文物》，頁 145。

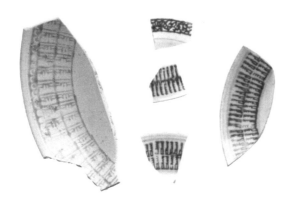

圖 437：安平五條港出土青花梵文盤
出自《曾生祥收藏──安平五條港出土文物集》，頁 305。

　　Por-09-021，青花印花花卉盤（圖 439），胎色灰白，釉色灰青，有澀圈，
器身多氣孔，盤面有牛毛紋。目前可見中國福建德化陶瓷博物館館藏（圖 441）
相似器物；臺灣宜蘭蘭陽博物館（圖 442）〔註 95〕及安平五條港（圖 443）〔註
96〕有相似器物。應為清代福建安溪窯產。

〔註95〕廖仁義，《宜蘭的傳統碗盤》，頁 293。
〔註96〕鄭文彰，《曾生祥收藏──安平五條港出土文物集》，頁 240。

圖 438：萬和宮 Por-09-021，青花印花花卉盤

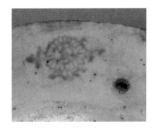

圖 439：萬和宮 Por-09-021
器壁印花花卉紋及氣孔

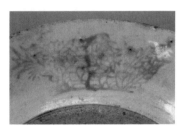

圖 440：萬和宮 Por-09-021
器壁印花花卉紋

圖 441：福建德化陶瓷博物館館藏青花印花花卉盤
筆者攝於 2015.07.25。

圖 442：宜蘭縣蘭陽博物館藏品
青花印花花卉盤
出自《宜蘭的傳統碗盤》，頁 293。

圖 443：安平五條港出土
青花印花花卉盤
出自《曾生祥收藏——安平五條港出土
文物集》，頁 240。

　　Por-09-072，彩繪人物茶壺（圖444），胎呈米黃色，夾沙，器底刮釉（圖445）。此種器形通常與對杯成套放置於藤編茶岫內（圖 446），方便保溫與攜帶，屬中國南方地區之產品，亦常見於中國外銷器中（圖447）。〔註97〕臺灣高雄市立歷史博物館可見相似藏品（圖448）。〔註98〕

圖444：萬和宮 Por-09-072，
彩繪人物茶壺

圖445：萬和宮 Por-09-072
器底刮釉

圖446：彩繪茶壺對杯成套放置於藤編茶岫內
出自「Chinses Export Porcelain –Standard patterns and forms, 1780 to1880.」
pp.195

〔註97〕　Herbert,Peter and Nancy Schiffer. Chinses Export Porcelain –Standard patterns and forms, 1780 to1880. pp. 194～195
〔註98〕　盧泰康，《高雄市立歷史博物館館藏陶瓷文物委託研究計劃期末報告書》，頁93～94；盧泰康撰，《高雄市立歷史博物館典藏專輯：凝鍊初心‧館藏陶瓷文物篇》，頁77。

圖 447：中國外銷彩繪茶壺
出自 Chinses Export Porcelain –Standard
patterns and forms, 1780 to1880. pp.195

圖 448：高雄市立歷史博物館館藏
描金博古紋茶壺
筆者攝於 2017.05.21

2. 裝盛用器

Pot-09-006，加彩開光五梅壺（圖 449），全器加彩，壺身繪有開光花草紋飾。五梅壺又稱燻油壺，屬婦女梳妝時裝盛髮油或薰油之容器，器形特徵爲小口帶流，對稱一提柄，口沿至肩部連接四繫。

明代與清初的紫砂壺，若非無款，多數刻有名家的署明和年款。清末民初至今沿用「宜興」字樣，而近代運銷臺灣的一些新壺，底款則改做「荊溪惠孟臣」。故「宜興」或「荊溪」字樣，均不能作爲斷代分明的證據。現今不少加彩壺，都是清末民初仿乾隆時代的加彩居多。〔註99〕臺灣地區的鶯歌、〔註100〕臺中沙鹿、南投〔註101〕等地窯場皆有燒造。年代可追溯至清代，考古出土與傳世品皆有實物。如古笨港遺址、高市博，〔註102〕上述遺址出土爲中國南方地區燒造，可知臺灣燒造五梅壺的傳統應爲延續仿製清代臺灣常見之大陸進口陶器。

〔註99〕 李英豪，《紫砂茶壺》（臺北市：藝術圖書公司，1991 年），頁 27、63～64。
〔註100〕 陳新上，《阿嬤硘仔思想起；館藏臺灣日用陶瓷》，臺北縣鶯歌鎮：北縣鶯歌陶瓷博物館，2002，頁 176。
〔註101〕 南投縣民俗文物學會，《南投陶文物風華》（南投縣草屯鎮：南投民俗學會，200 年）2，頁 174；財團法人南投縣文化基金會，《南投陶：邁向現代陶之路二百年專輯》（南投縣：財團法人南投縣文化基金會，1996 年），頁 67。
〔註102〕 盧泰康，〈歷史文化與常民生活的縮影：綜論高雄市立歷史博物館典藏陶瓷〉，頁 078。

圖 449：萬和宮 Pot-09-006，
加彩開光五梅壺

圖 450：萬和宮 Pot-09-006 紅胎

圖 451：中國紫砂加彩花卉壺
出自《紫砂茶壺》頁 27。

圖 452：中國紫砂加彩花卉壺
出自《紫砂茶壺》頁 64。

圖 453：中國紫砂粉彩小壺
出自《中國紫砂》，頁 18。

圖 454：中國紫砂小彩壺
出自《中國紫砂》，頁 45。

　　Pot-09-016，褐釉拍印網格紋硬陶罐（圖 455），全器施以深褐釉，斜壁處內外壁皆可見拉坯痕。目前可見 1830 年馬來西亞沈船 Desaru 號〔註 103〕（圖 457）有出水相似器物，以及臺灣古笨港遺址（圖 458）、〔註 104〕鶯歌陶瓷博物館（圖459）〔註 105〕皆有相似器物。由沈船可推測年代約在 19 世紀至 20 世紀初。

〔註 103〕 Brown, R., & Sjostrand, S., Maritime Archaeology and Shipwreck Ceramics in Malaysia. colour plate 106.
〔註 104〕 盧泰康，《古笨港遺址出土文物整理、修護與研究計畫》，頁 68。
〔註 105〕 徐文琴、周義雄合著，《鶯歌陶瓷史》，頁 038。

圖 455：萬和宮 Pot-09-016，
褐釉拍印網格紋硬陶罐

圖 456：萬和宮 Pot-09-016 拍印紋

圖 457：Desaru 號沈船出水拍印紋硬陶罐
出自「Maritime Archaeology and Shipwreck Ceramics in Malaysia.」 colour plate 106.

圖 458：古笨港遺址出土褐釉拍印網格紋硬陶罐
出自《古笨港遺址出土文物整理、修護與研究計
畫》，頁 68。

圖 459：鶯歌陶瓷博物館藏豆
腐硼
出自《鶯歌陶瓷史》，頁 038。

3. 陳設裝飾用器

Por-09-087、Por-09-088、Por-09-089、Por-09-090，青花雙耳紋瓶（圖
460-463），此種帶雙耳、施透明釉器形之青花瓶，常見於清末中國南方所產器
物，紋飾則依需求改變。

圖 460：萬和宮
Por-09-087
花草紋飾

圖 461：萬和宮
Por-09-088，
花草鳥紋飾

圖 462：萬和宮
Por-09-089，
花鳥紋飾

圖 463：萬和宮
Por-09-090，
花鳥紋飾

圖 464：萬和宮
Por-09-087
花草紋耳

圖 465：萬和宮
Por-09-088
花草紋耳

圖 466：萬和宮
Por-09-089
雙虎耳

圖 467：萬和宮
Por-09-090
雙虎耳

圖 468：豆卿卿花九
獅紋瓶
出自《清代民窯彩
瓷》，頁 51。

圖 469：潮州窯出土青花
紋瓶
現藏頤陶軒（潮州陶瓷民
間收藏家），李建緯提
供。

圖 470：潮州窯出土青花
紋瓶
現藏頤陶軒（潮州陶瓷民
間收藏家），李建緯提
供。

　　Por-09-092、Por-09-094，廣彩人物瓷瓶物（圖 471、472），全器施廣彩，
胎釉色白，器表有牛毛，釉有氣孔。廣彩瓷器元統稱為五彩瓷，但燒製、上

釉方式及裝飾題材有別於彩瓷，故清末民初的學者將「廣彩」從彩瓷中區分而出。廣彩瓷器紋飾多有雙耳及開光紋飾。〔註106〕清代中晚期常見類似器形，〔註107〕雙耳、肩處有雙蜥蜴為飾，以及廣彩開光。

圖 471：萬和宮 Por-09-092，
廣彩人物瓷瓶

圖 472：萬和宮 Por-09-094，
廣彩人物瓷瓶

圖 473：萬和宮 Por-09-092 雙鳥耳

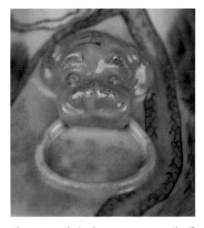

圖 474：萬和宮 Por-09-094 獅耳

〔註106〕 阿麗娜，《西伯利亞博物館收藏之中國瓷器研究》，頁 23～25。
〔註107〕 Herbert,Peter and Nancy Schiffer. Chinses Export Porcelain –Standard patterns and forms, 1780 to1880. pp. 229；廣東省博物館編，《廣彩瓷器》（北京：文物出版設，2001 年），頁 87、141～142。

圖 475：中國外銷廣彩瓷瓶
出自「Chinses Export Porcelain –Standard patterns and forms, 1780 to1880.」
pp.229

圖 476：中國清代粉彩人物紋
花口瓶
出自《清代民窯彩瓷》，頁 37。

圖 477：中國清代廣彩人物花卉紋
雙獅耳口花瓶
出自《廣彩瓷器》，頁 87。

圖 478：西伯利亞博物館藏青花纏枝　　圖 479：西伯利亞博物館藏青花纏枝
紋盤，出自《西伯利亞博物館收藏之　　紋盤，出自《西伯利亞博物館收藏之
中國瓷器研究》，頁 25。〔註 108〕　　　中國瓷器研究》，頁 25。

三、日治時期（20 世紀初）

1. 餐飲用器

Por-09-023、Por-09-024，青花菊花臉譜盤文物編號（圖 480、481），《鶯歌陶瓷史》寫此器物產自福建德化同安一帶，〔註 109〕但並未見相似器物。目前見臺灣宜蘭（圖 482）〔註 110〕及鶯歌有類似器物（圖 483）。年代約為清末至日治。

圖 480：萬和宮 Por-09-023，　　　圖 481：萬和宮 Por-09-024，
　　青花菊花臉譜盤　　　　　　　　　　青花菊花臉譜盤

〔註108〕阿麗娜，《西伯利亞博物館收藏之中國瓷器研究》，頁 81。
〔註109〕徐文琴、周義雄合著，《鶯歌陶瓷史》，頁 32～33。
〔註110〕廖仁義，《宜蘭的傳統碗盤》，頁 340。

圖 482：青花菊花臉譜盤
出自《宜蘭的傳統碗盤》，頁 340。

圖 483：青花菊花臉譜盤
出自《鶯歌陶瓷史》，頁 33。

　　Por-09-025，青花福字菊花紋盤（圖 484），目前可見中國福建德化窯系雙溪口窯（圖 486）、〔註 111〕葛坑鄉（位德化縣北部（圖 487）窯址有出土相似器物。〔註 112〕年代約爲清末至日治。

圖 484：萬和宮 Por-09-025，
青花福字菊花紋盤

圖 485：萬和宮 Por-09-025 紋飾、鏨刻

圖 486：雙溪口窯出土青花福
字菊花紋盤
出自《德化民窯青花》，頁 74。

圖 487：葛坑鄉出土青花福字菊花紋盤
出自《德化民窯青花》，頁 74。

〔註 111〕陳建中編，《中國福建古陶瓷標本大系：德化窯》，頁 151。
〔註 112〕陳建中，《德化民窯青花》，頁 74。

Por-09-026、Por-09-027，青花中黨旗幟盤（圖488、489），右旗為中華民國黨旗，左旗為中國國民黨黨旗。目前於宜蘭有類似文物（圖491），〔註113〕產地為中國，地區不詳。依據黨旗紋飾，可判斷為民國（1912）後產物。

圖488：萬和宮 Por-09-026，
青花中黨旗幟盤

圖489：萬和宮 Por-09-027，
青花中黨旗幟盤

圖490：萬和宮 Por-09-026
紋飾細部

圖491：青花中華旗幟盤
出自《宜蘭的傳統碗盤》，頁343。

2. 宗教祭祀用器

Por-03-007，霽藍釉加彩圈足爐（圖492），器身外壁通體施霽藍釉，輔以低溫綠彩、金彩花草紋裝飾。胎色米白微黃，器身有牛毛紋。目前沒有發現相關的出土資料，但於臺灣臺中市西屯區之張廖家廟有發現相似器形之傳世香爐（圖493），〔註114〕而根據張廖家廟建廟年代可推測為日治時期後之產物。

圖492：萬和宮 Por-03-007，
霽藍釉加彩圈足爐

圖493：張廖家廟傳世霽
藍釉加彩圈足爐

〔註113〕廖仁義，《宜蘭的傳統碗盤》，頁343。
〔註114〕筆者於2016年04月29日調查張廖家廟，並進行文物調查及照片拍攝。

四、近代（20世紀後半）

1. 餐飲用器

Por-09-034，青瓷盤（圖494），敞口，淺斜腹，下接圈足，底微凹。器壁模印直道紋。圈足底有5個支釘痕跡，全器有開片。白胎。盤心氣孔，並有少許牛毛紋。爲現代仿宋官窯青瓷盤，因而有支燒痕。

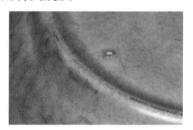

圖494：萬和宮Por-09-034，青瓷盤　　　圖495：Por-09-034支燒痕

Pot-09-009，紫砂壺（圖496），常見於中國宜興，目前可見1830年 Desaru 沈船出水相似紫砂壺器物（圖498）。〔註115〕這類紫砂壺通常在壺底會有各式的款紋或印記，在20世紀後多有仿製。

圖496：Pot-09-009，紫砂壺　　　圖497：Pot-09-009底部方字款

圖498：泰興號出土紫砂壺
出自「Maritime Archaeology and Shipwreck Ceramics in Malaysia.」
colour plate 101.

〔註115〕Brown, R., & Sjostrand, S., Maritime Archaeology and Shipwreck Ceramics in Malaysia. colour plate 101.

2. 日常生活用器

Por-09-099，五彩桃式筆捵（圖499），目前可見近年中國福建德化窯有產此類型桃式筆捵（圖500）。〔註116〕

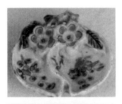

圖499：萬和宮 Por-09-099，
五彩桃式筆捵

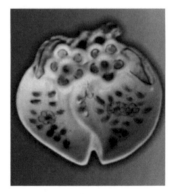

圖500：福建德化五彩桃式筆捵
出自《德化青花・五彩瓷全書》，
頁324。

3. 宗教祭祀用器

Por-03-006，青瓷圈足爐（圖501），器施青瓷釉，釉色灰青，釉面開片。在〈臺灣南部寺廟收藏的傳世陶瓷香爐供器〉一文中，將青瓷爐分為四型：〔註117〕

A.第一型「乳形足三足爐」

B.第二型「柱形足三足爐」

C.第三型「磬形足三足爐」

D.第四型「圈足爐」：又可分為 I 式及 II 式，I 式器形特徵為平沿，直筒形器壁，圈足，足內無釉，內可見一圈支燒痕，足心內挖，全器施青瓷釉，釉色灰青，釉面開片。II 式器形特徵為平沿，直筒形器壁，圈足，足內滿釉，全器施青瓷釉，釉色灰青，釉面開片。

而在《聖物廕福興：大里杙福興宮的文化資產分析與歷史詮釋》一書中，將上述第四型 I 式、II 式，歸類成胎為白瓷，產地為漳州窯系及胎質為紅色陶質。〔註118〕

〔註116〕黃春淮、鄭金勤編，《德化青花・五彩瓷全書》（福州：福建美術出版社，2003年），頁324。

〔註117〕盧泰康，〈臺灣南部寺廟收藏的傳世陶瓷香爐供器〉，頁42～43。

〔註118〕李建緯撰，《聖物廕福興：大里杙福興宮的文化資產分析與歷史詮釋》（臺中：大里杙福興宮，2017），頁71～75。

由上述可知，萬和宮文物館館藏青瓷圈足爐屬於第四型Ⅰ式，同屬第四型Ⅰ式青瓷爐目前可見於臺灣彰化市威惠宮（圖 503～505）、〔註 119〕西螺慶天堂（圖 506、507）〔註 120〕收藏完整器物。但此件館藏青瓷圈足爐根據製作工藝來看，使用鉛釉及燒成溫度低，應爲近代 20 世紀後所燒製，而非 19 世紀產物。

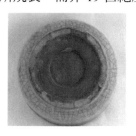

圖 501：萬和宮 Por-03-006，青瓷圈足爐　　　圖 502：萬和宮 Por-03-006 爐底

圖 503：彰化威惠宮傳世青瓷圈足爐
屬第四型Ⅰ式，出自《彰化縣古蹟中既存古物登錄文化資產保存計畫》，
文物編號 WE-PO-001。

圖 504：彰化威惠宮傳世青瓷圈足爐
屬第四型Ⅰ式，出自《彰化縣古蹟中既存古物登錄文化資產保存計畫》
編號 WE-PO-002。

〔註 119〕李建緯，《彰化縣古蹟中既存古物登錄文化資產保存計畫》，委託單位：彰化縣文化局，執行單位：逢甲大學歷史與文物研究所，2012 年，文物編號 WE-PO-001。
〔註 120〕筆者於 2016 年 12 月 21 日，因應「雲林縣一般古物『西螺福興宮好義從風匾、太平媽南投陶香爐』調查研究計畫」計畫案進行田野調查。

圖 505：彰化威傳世惠宮青瓷圈足爐
屬第四型Ⅰ式，出自《彰化縣古蹟中既存古物登錄文化資產保存計畫》
編號 WE-PO-003。

圖 506：西螺慶天堂傳世品青瓷圈足爐
屬第四型Ⅰ式，筆者攝於 2016.12.21。

圖 507：西螺慶天堂傳世品青瓷圈足爐
屬第四型Ⅰ式，筆者攝於 2016.12.21。

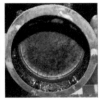

圖 508：大里杙福興宮所藏　　　　圖 509：鹿港鎮新祖宮所藏青瓷香爐
青瓷筒式香爐　　　　　屬第四型Ⅱ式，出自《彰化縣古蹟中既
屬第四型Ⅱ式，出自《聖物廮福興：大　存古物登錄文化資產保存計畫》，頁 197
里杙福興宮的文化資產分析與歷史詮　　～198，文物編號 ZH-CH-001。
釋》，頁 72。

第三節　小結

　　萬和宮文物館所收藏屬於中國燒造的陶瓷文物，是數量最多的館藏陶瓷器，共有 130 件，佔了全館收藏的陶瓷器文物 50%。依其年代可分為宋元時期、清代時期（18 世紀後半至 19 世紀初、19 世紀末至 20 世紀初）、日治時期（20 世紀前半）、近代（20 世紀後半），共四個時期。以類型觀察館藏中國陶瓷文物，可分為高溫青花瓷、高溫彩瓷、其它高溫瓷器及高溫硬陶，其中以青花瓷最為大宗，青花瓷屬高溫釉下彩瓷，其器形與功能多樣且廣泛運用在各種祭祀、裝盛、日常及陳設用器中。

　　另就功能分類來看，可發現包含餐飲用器、裝盛用具、宗教祭祀用器、其他日常生活用器、陳設裝飾用器以及產業製造用器幾種類型。以個別數量來看，可知以「餐飲用器」數量所佔最多，達 67 件，佔其總數之 52%。其他類型之件數與所佔比例分別為「裝盛器具」為 28 件，佔 22%；「宗教祭祀用器」11 件，佔 8%，「其他日常生活用器」12 件，佔 9%；「陳設裝飾用器」10 件，佔 8%；「產業製造用器」2 件，佔 2%。

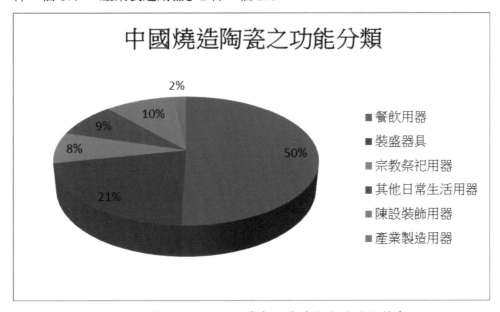

圖 510：萬和宮文物館館藏中國燒造陶瓷功能統計表

第三章　館藏臺灣及日本地區陶瓷考證與分析

　　館藏臺灣本地燒製的各種陶瓷器，年代約略可上溯至日治時期（20 世紀前半），大部分屬近代製品，與居民日常生活密切相關，顯示臺灣各地陶瓷工業在近代的迅速發展歷程。

　　而日本製陶瓷其年代以 20 世紀前半的高品質瓷器為主，顯示了日本殖民地統治臺灣時期，新的陶瓷製品在臺灣島內居民的民生用器中被使用，新的餐飲習慣、生活方式，以及日本的風情，皆融入了陶瓷的造型、功能與紋飾之中。最後，除了臺灣及日本地區外，文物館還收藏 1 件宏都拉斯代表團贈送的陶瓷文物。

表 3：萬和宮文物館館藏臺灣、日本燒製陶瓷器編目表〔註1〕

項目	編目號	流水號	品名，題材內容	年款	製作年代	捐贈者	尺寸（公分）	件數
					臺灣地區			
1.	Por-09-060	F-R-a-上-008	青花草紋碗	無	20 世紀中（戰後）	無	高 4.9、徑 15.5	1
2.	Por-09-061	F-R-b-上-003	青花竹紋碗	無	20 世紀中（戰後）	無	高 7.2、徑 17	1
3.	Por-09-062	L-065	青花直紋碗	無	20 世紀中（戰後）	無	徑 9、高 2.8	1
4.	Por-03-010	P-016	粉彩雙龍拱珠瓷爐	無	20 世紀初（1912 後）	無	徑 12.9、高 2.3	1
5.	Por-09-057	F-R-a-上-001	彩繪草葉紋碗	無	20 世紀前半（日治時期）	詹麗娟	高 7、徑 16	1
6.	Por-09-063	F-R-b-下-008	彩繪山水圖碗	無	20 世紀中（戰後 1951-1960）	無	高 6.8、徑 20	1
7.	Por-09-064	L-071	彩繪簡筆花草紋碗	無	20 世紀中（戰後 1951-1960）	無	徑 12.8、高 5.2	7
8.	Por-09-065	L-072	彩繪簡筆花草紋碗	無	20 世紀中（戰後 1951-1960）	無	徑 12.6、高 5.6	3
9.	Por-09-066	P-017	彩繪簡筆花草紋碗	無	20 世紀中（戰後 1951-1960）	蕭清杰	高 8、徑 19	4
10.	Por-09-029	F-R-d-下-006	粉彩花紋盤	無	20 世紀中（戰後 1951-1960）	陳秀英	高 2.8、徑 16.7	1

〔註 1〕　參考來源為李建緯、盧泰康，《臺中市萬和宮暨文物館文物登錄與研究計畫萬和宮文物館藏文物》，頁 38～45。

11.	Por-09-030	F-R-d-下-008	彩繪花卉瓷盤	無	20世紀中（戰後）	陳秀英	高3、徑19.2	1
12.	Por-09-031	F-R-d-下-009	彩瓷花草瓜果紋繪盤	無	20世紀中(戰後1951-1960)	詹麗娟	高2、徑3.88	1
13.	Por-09-032	F-R-d-下-011	粉彩花卉瓷盤	無	20世紀中（戰後1951-1960）	陳秀英	高2、徑14.7	1
14.	Por-03-011	F-L-b-上-001	雙龍搶珠青瓷爐	無	20世紀後（現代）	無	徑18.4、高18.8	1
15.	Por-03-012	F-L-b-下-009	青瓷三磬足爐	無	19世紀（清代）	無	徑9.7、高7.8	1
16.	Por-09-067	L-066	水藍碗	無	20世紀中（戰後1950-1960）	無	徑11.6、高5.4	10
17.	Por-09-101	F-R-b-下-001	白瓷湯匙	無	20世紀前半（日治時期至戰後）	無	長10、寬5、高2	2
18.	Por-09-105	F-L-b-上-006	青瓷燈座	無	20世紀後（現代）	無	徑6.4、高8.6	1
19.	Pot-08-001	Ib下001	交趾陶關羽塑像	無	20世紀初	無	高20、寬24、深12.5	1
20.	Pot-08-002	Ib下003	交趾陶唐明皇冊封楊貴妃人物塑像	無	20世紀初	無	(1)高21.3、寬8.1、厚4.9 (2)高22.7、寬12.6、厚8.4	2
21.	Pot-08-003	Ib下004	交趾陶趙雲塑像	無	20世紀初	無	高21、寬22.5、深10.5	1
22.	Pot-08-004	Ia上002	交趾陶趙雲塑像	無	20世紀後（現代）	無	高35.5、寬37、深9.5	1
23.	Pot-08-005	Ia上004	交趾陶呂洞賓塑像	無	20世紀後（現代）	無	高34、寬29、厚9.5	1
24.	Pot-08-006	Ib上001	交趾陶人物塑像	無	20世紀後（現代）	無	高30、寬16、深11	1
25.	Pot-08-007	Ib上002	交趾陶人物塑像	無	20世紀後（現代）	無	高28、寬13.2、厚7.9	1
26.	Pot-08-008	Ib上003	交趾陶南極仙翁塑像	無	20世紀後（現代）	無	高22、寬41、厚33.4	1
27.	Pot-08-009	Ib上004	交趾陶關羽塑像	無	20世紀後（現代）	無	高30、寬28、深14	1
28.	Pot-08-010	Ib上005	交趾陶張果老塑像	無	20世紀後（現代）	無	高30、寬28.5、厚14.5	1
29.	Pot-08-011	Ib上006	交趾陶曹國舅塑像	無	20世紀後（現代）	無	高27、寬22、深12.5	1
30.	Pot-08-012	Ib上007	交趾陶何仙姑塑像	無	20世紀後（現代）	無	高30.2、寬35.5、厚13.5	1
31.	Pot-08-013	Ib上008	交趾陶張飛塑像	無	20世紀後（現代）	無	高31、寬33、深15	1
32.	Pot-08-014	Ib上009	交趾陶漢鍾離塑像	無	20世紀後（現代）	無	高24、寬28、厚9	1
33.	Pot-08-015	Ib下002	交趾陶七俠五義人物塑像	無	20世紀後（現代）	無	(1)高24、寬21、深9 (2)高19、寬19.5、深7.5	2
34.	Pot-08-016	Ib下005	交趾陶八仙過海塑像	無	20世紀後（現代）	無	高、寬、厚 (1)21.7、23.5、6.8 (2)21、22.3、7.4 (3)20.4、25.3、9.2 (4)21.7、21.3、5.9 (5)24、24、11 (6)21、26、10.5 (7)23.3、22、8.3 (8)22、24.5、6.4	8

35.	Pot-08-017	Ia 下 004	T.R 磚	無	日治時期	無	長 23.5、寬 10.5、厚 6	2
36.	Pot-08-018	Ia 下 005	窗櫺	無	20 世紀後	無	長 15；寬 15；厚 2.5	8
37.	Pot-08-019	Ia 下 002	柳條磚	無	20 世紀中	無	長 15.2、寬 14.7、厚 2.3	6
38.	Pot-08-020	Ia 下 001	風獅爺像	無	20 世紀	無	高 24.3、寬 12.5、深 18.5	1
39.	Pot-09-005	L-060	甕缸	無	20 世紀前半（日治時期）	無	直徑 46、高 41	1
40.	Pot-09-011	Hb 下 001	醬釉提樑注壺	無	20 世紀初（清末日治時期）	黃泉源	腹徑 29.8、高 25.7	1
41.	Pot-09-012	L-070	提樑注壺	無	20 世紀前半（日治時期）	無	腹徑 30、高 24	1
42.	Pot-09-013	Hb 下 003	提樑注壺	無	20 世紀前半（日治時期）	無	高 22、腹徑 24.5	1
43.	Pot-09-018	N-016	鹽酸甕	無	20 世紀前半（日治時期）	無	高 47、肩徑 34	1
44.	Pot-09-019	N-014	褐釉拍印網格紋硬陶罐	無	20 世紀中（戰後）	無	(1)腹徑 37、高 47 (2)腹徑 38、高 50 (3)腹徑 31、高 37 (4)腹徑 32、高 42 (5)腹徑 35、高 49.5 (6)腹徑 37、高 44	6
45.	Pot-09-020	N-017	褐釉拍印網格紋硬陶甕	無	20 世紀中（戰後）	無	高 48、腹徑 34	2
46.	Pot-09-021	F-R-e-上-001	醬釉陶罐	無	20 世紀中（戰後）	無	高 13.5、徑 10.5、寬 17.7	1
47.	Pot-09-022	F-R-e-下-004	圓口立頸陶罐	無	不明	無	高 30.4、腹徑 25	1
48.	Pot-09-023	F-R-c-上-001	醬釉燉鍋	無	20 世紀中（戰後）	無	高 17.3、徑 21.2	1
49.	Pot-09-024	F-R-c-上-002	醬釉燉鍋	無	20 世紀中（戰後）	無	高 14.6、徑 21.5	1
50.	Pot-09-025	F-R-c-上-003	醬釉燉鍋	無	20 世紀中（戰後）	無	高 11.9、徑 16.1	1
51.	Pot-09-026	F-R-c-上-004	醬釉燉鍋	無	20 世紀中（戰後）	無	高 11.5、徑 13	1
52.	Pot-09-027	F-R-c-上-005	醬釉燉鍋	無	20 世紀中（戰後）	無	高 10、徑 12.5	1
53.	Pot-09-028	F-R-e-上-002	醬釉四繫豬油甕	無	20 世紀中（戰後）	無	高 19.4、腹徑 21	1
54.	Pot-09-029	Ha 下 004	紅陶烘爐	無	日治時期	黃泉源	高 15、徑 20.5	1
55.	Pot-09-030	Ha 下 005	臺式烘爐	無	20 世紀初（日治時期）	無	高 18.5、寬 21.5、深 8	1
56.	Pot-09-033	L-056	箸籠	無	20 世紀中（戰後）	無	上寬 23.4、下寬 16.7、高 23.4、厚 7.2	2
57.	Pot-09-031	Ha 下 003	葉紋臺式烘爐	無	20 世紀中期	無	徑 23.5、高 13.1	1
58.	Pot-09-032	F-L-a-上-010	陶製粿印	無	20 世紀中（戰後）	無	長 11、寬 8.5、高 3.3	1
59.	Pot-09-035	L-082	紅陶矮凳	無	19 世紀末至 20 世紀初（清末）	無	徑 28、高 12.5	1
60.	Pot-04-001	Hl 上 003	壎	無	20 世紀後（現代）	劉邦憲	(1)高 9、徑 1.8 (2)高 8、徑 1.6	2
合計共 115 件								

日本地區								
1.	Por-03-009	F-L-b-上-003	青花博古紋香爐	無	20世紀前半（日治時期）	無	徑15.8、高15.4	1
2.	Por-09-055	F-R-a-上-009	青花幾何花紋碗	無	20世紀前半（日治時期）	無	高6、徑15	1
3.	Por-09-056	F-R-d-下-005	青花山水紋碗	無	20世紀前半（日治時期）	張玉	高8.5、徑21.5	1
4.	Por-09-022	P-015	青花風景人物盤	無	20世紀中（戰後1951-1960）	無	高2、徑11.2	1
5.	Por-09-028	F-R-d-下-004	青花山水圖盤	無	20世紀前半（日治時期）	詹麗娟	高3.5、徑24.5	1
6.	Por-09-083	Hb上009（2）	青花纏枝紋碟	無	20世紀前半（日治時期）	無	高1.6、徑7	1
7.	Por-09-084	Hb上007（2）	青花龍紋碟	無	近代（20世紀）	無	高7、徑1.6	1
8.	Por-09-082	Hb下005	青花雲肩開光紋烘爐	無	20世紀前半（日治時期）	無	高25.6、徑38.5	1
9.	Por-09-058	F-R-a-下-003	彩繪桐葉紋瓷碗	無	20世紀前半（日治時期）	無	高7、徑16	1
10.	Por-09-059	F-R-a-下-004	彩繪嬰戲壽字碗	無	20世紀前半（日治時期）	黃泉源	高7、徑16.2	1
11.	Por-09-033	F-R-d-下-010	綠色弦紋盤	無	20世紀後（現代）	詹麗娟	高3.2、徑15.6	1
12.	Por-08-001	Ia下003	幾何蔓草紋馬約利卡磁磚	無	20世紀前半（日治時期）	無	長15.2、寬15.2、厚1	3
13.	Por-08-002	P-012	幾何花草馬約利卡磁磚	無	20世紀前半（日治時期）	無	長15.3、寬15.3、厚1	2
合計共16件								

第一節　館藏臺灣地區陶瓷分類

　　就上述來自臺灣以及日本地區的館藏陶瓷文物，分別進行分析與實例說明。臺灣本地燒製的陶瓷數量共有 115 件，佔全館陶瓷器總數的 44%，形制可分為高溫青花瓷器、高溫彩瓷器、其它高溫瓷器、高溫硬陶及低溫軟陶。而其依功能分類則可歸納成宗教祭祀用器、建材與建築裝飾、餐飲用器、裝盛用器、產業製造用器及其它日常用器。

一、高溫青花瓷器

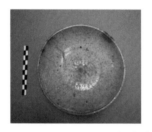
圖 511：編 Por-09-060，青花草紋碗

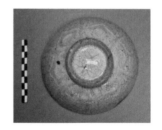
圖 512：Por-09-060 器底

　　Por-09-060，青花草紋碗（圖 511、512），口徑 15.5、高 4.9 公分，特徵為撇口，斜腹，圈足。黃略青色胎底，施以透明釉。碗心有青花三葉草紋，碗壁壓印草葉紋，有開片痕。

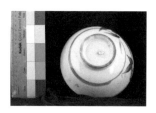

圖 513：編 Por-09-061，青花竹紋碗　　　　圖 514：Por-09-061 器底

　　Por-09-061，青花竹紋碗（圖 513、514），口徑 17、高 7.2 公分，特徵爲敞口，斜弧腹，下接圈足。外壁飾竹葉紋，胎面多有開片與氣孔現象。

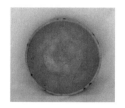

圖 515：編 Por-09-062，青花直紋碗　　　　圖 516：Por-09-062 器底

圖 517：Por-09-062 共 5 件

　　Por-09-062，青花直紋碗（圖 515～517），共 5 件，口徑 8.8、高 2.8 公分，特徵爲撇口，斜弧腹，下接圈足，平底。灰白色胎，施透明釉。口緣施有青花直條紋。

二、高溫彩瓷器

圖 518：編 Por-03-010，粉彩雙龍拱珠瓷爐　　圖 519：Por-03-010 器底

　　Por-03-010，粉彩雙龍拱珠瓷爐（圖 518、519），徑 12.6、高 12 公分，特

徵爲直口，厚唇，直壁，圈足，平底。口緣處繪回紋飾帶，器壁繪海上巨岩與雙龍拱珠。

圖 520：編 Por-09-057，彩繪草葉紋碗

圖 521：Por-09-057 器底

Por-09-057，彩繪草葉紋碗（圖 520、521），口徑 16、高 7 公分，特徵爲敞口，斜弧腹，下接圈足。全器施灰白釉，器壁彩繪草葉紋及「春蘭如美人」字樣。器身外與圈足內沿部有許多氣孔。

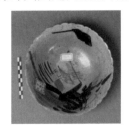

圖 522：編 Por-09-063，彩繪山水圖碗

圖 523：Por-09-063 器底

Por-09-063，彩繪山水圖碗（圖 522、523），口徑 20、高 6.8 公分，特徵爲敞口微撇，花瓣式口，斜弧腹，圈足。碗心左上彩繪荷葉紋，右側有房子、河、荷花苞。碗壁仿竹片編織紋。器腹與圈足內少有氣孔。

圖 524：編 Por-09-064，
彩繪簡筆花草紋碗

圖 525：Por-09-064
器底

圖 526：Por-09-064 共 7 件

　　Por-09-064，彩繪簡筆花草紋碗（圖 524～526），共 7 件，口徑約 12.8、高 5.2 公分，特徵為敞口，弧壁，下收圈足。器壁彩繪粉彩與藍色釉簡筆花草紋。

圖 527：編 Por-09-065，
彩繪簡筆花草紋碗

圖 528：Por-09-065
器底

圖 529：Por-09-065 共 3 件

　　Por-09-065，彩繪簡筆花草紋碗（圖 527-529），共 3 件，口徑約 12.6、高 5.6 公分，特徵為敞口，弧壁，下收圈足。器壁彩繪粉彩與藍色釉簡筆花草紋。

圖 530：編 Por-09-066，彩繪簡筆花草紋碗

圖 531：Por-09-066 器底

圖 532：Por-09-066 共 4 件

Por-09-066，彩繪簡筆花草紋碗（圖 530-532），共 4 件，口徑約 19、高 8 公分，特徵爲敞口，弧壁，下收圈足。器壁彩繪粉彩與藍色釉簡筆花草紋。

圖 533：編 Por-09-029，粉彩花紋盤　　　圖 534：Por-09-029 器底

Por-09-029，粉彩花紋盤（圖 533、534），口徑 16.7、高 2.8 公分，特徵爲敞口，弧壁，圈足，足底露胎，盤心彩繪花紋，盤底紅色方款「鳳鳴」。

圖 535：編 Por-09-030，彩繪花卉瓷盤　　　圖 536：Por-09-030 器底

Por-09-030，彩繪花卉瓷盤（圖 536、537），口徑 19.2、高 3 公分，特徵爲敞口，弧壁，圈足，足底露胎，盤心彩繪花葉。盤內外有多處氣孔。

圖 537：編 Por-09-031，花草瓜果紋彩繪盤　　　圖 538：Por-09-031 器底

Por-09-031，花草瓜果紋彩繪盤（圖 538、539），口徑 3.8、高 2 公分，特徵為敞口，弧壁，圈足，足底露胎，盤心彩繪綠葉紅果，沿側刻劃蕉葉紋，器底帶模製痕。

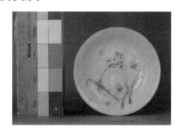

圖 539：編 Por-09-032，粉彩花卉瓷盤　　　圖 540：Por-09-032 器底

Por-09-032，粉彩花卉瓷盤（圖 539、540），口徑 14.7、高 2 公分，特徵為敞口，弧壁，圈足，足底露胎，盤心彩繪折枝花卉圖。盤面有縮釉與氣孔，盤面與外器腹皆有牛毛紋。

三、其它高溫瓷器

圖 541：編 Por-03-011，雙龍搶珠青瓷爐　　　圖 542：Por-03-011 器底

Por-03-011，雙龍搶珠青瓷爐（圖 541、542），口徑 18.4、高 18.8 公分，特徵為口沿內折平口，厚唇，直壁，三磬足，足心內挖。全器施青釉。頸處壓印「佛光普照」及回紋，器壁壓模浮雕雙龍搶珠紋，器底壓印菊瓣紋。

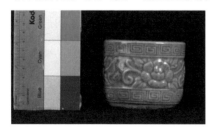

圖 543：編 Por-03-012，青瓷三磬足爐　　　圖 544：Por-03-012 器底

　　Por-03-012，青瓷三磬足爐（圖 543、544），腹徑 9.7、高 7.8 公分，特徵為平沿，直筒形器壁，平底，三磬式足。外壁近口沿處裝飾連續回紋帶，器腹刻劃纏枝牡丹紋，近底處亦為連續回紋帶。釉色淺青，內底圓餅形。

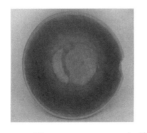
圖 545：編 Por-09-067，水藍碗

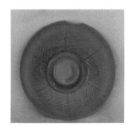
圖 546：Por-09-067 器底

圖 547：編 Por-09-067 共 10 件

　　Por-09-67，水藍碗（圖 545-547），共 10 件，口徑 11.6、高 5.4 公分，特徵為敞口，斜弧腹，下接圈足。外壁壓印草葉紋，施青釉。

圖 548：編 Por-09-101，白瓷湯匙

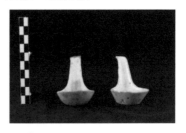
圖 549：Por-09-101 正面

　　Por-09-101，白瓷湯匙（圖 548、549），長 10、寬 5、高 2 公分，特徵為匙杯敞口，斜壁，下街平底，斜柄，圓柄端，通體施透明釉，釉色白中帶黃。

圖 550：編 Por-09-105，青瓷燈座

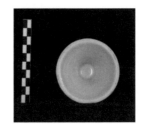
圖 551：Por-09-105 器底

Por-09-105，青瓷燈座（圖 550、551），最寬徑 7.6、高 11.9 公分，特徵為蓋斜壁，有鈕，作四瓣花飾，腹部及底一道金色弦紋。杯口微外撇，斜弧腹，凹底。盤淺，敞口，斜弧肩，下接束頸、斜壁、平底柱，壁下方有一道金色弦紋。胎色乳白，除蓋內與足底外，均施釉，釉色白青。

四、高溫硬陶

圖 552：編 Pot-04-001，壎

圖 553：Pot-04-001 器底

Pot-04-001，壎（圖 552、553），共 2 件，腹徑 5.5、高 9；腹徑 4.4、高 8 公分，特徵為二件壎皆為小口圓腹平底，Pot-04-001-1 為綠色，正面七孔，四、三排列成圓弧形，背面雙孔，白胎淺綠釉，底刻「亜观」二字，底與內側無施釉。Pot-04-001-2 為紅褐色，正面六孔，三、三排列成圓弧形，背面雙孔，紅褐胎施紫砂，底刻字被標紙蓋住，疑是「亜观」二字，底微內凹，內側可見一圈痕，難辨為合模痕，但僅此一圈應非拉坯痕。

圖 554：編 Pot-08-004，
交趾陶趙雲塑像

圖 555：Pot-08-004 背面

Pot-08-004，交趾陶趙雲塑像〔註2〕（圖554、555），高35.5、寬37、厚9.5公分，特徵為人物跨騎粉馬造型。馬低首垂尾，馬身配鞍，呈右向奔跑姿。人物側身，頭戴冠帽，身著武服，手持長花槍。

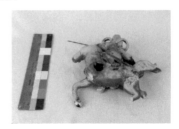

圖556：編Pot-08-009，
交趾陶關羽塑像

圖557：Pot-08-009
背面

Pot-08-009，交趾陶關羽塑像（圖556、557），高30、寬28、厚14公分，特徵為人物跨坐騎馬造型。人物側身，頭戴冠帽，白面黑長鬍鬚，著青色武將服，有飄帶，平舉關刀，騎黃馬。馬首向右，呈奔馳貌。

圖558：編Pot-08-013，
交趾陶張飛塑像

圖559：Pot-08-013
背面

Pot-08-013，交趾陶張飛塑像（圖558、559），高31、寬33、厚15公分，特徵為人物跨騎黑馬造型。馬低首昂尾，馬身配鞍，呈左向奔跑姿。人物側身，頭戴冠帽，粗眉怒目，蓄長鬚，身著武服，飄帶，手持矛。

〔註2〕 萬和宮文物館館藏Pot-08-004交趾陶趙雲塑像、Pot-08-009交趾陶關羽塑像及Pot-08-013交趾陶張飛塑像，雖已脫離其原先脈絡，但根據出現人物可推測應為三國故事長板坡之戰。

圖 560：編 Pot-08-006，
交趾陶人物塑像

圖 561：Pot-08-006
背面

　　Pot-08-006，交趾陶人物塑像（圖 560、561），高 30、寬 16、厚 11 公分，特徵爲彎腰人物造型。面容圓潤，著粉色官袍，繫腰帶，身形成 S 曲線，左手上舉，右手擺於胸前，衣褶以金線勾邊。

圖 562：編 Pot-08-007，
交趾陶人物塑像

圖 563：Pot-08-007
背面

　　Pot-08-007，交趾陶人物塑像（圖 562、563），高 28、寬 13.2、厚 7.9 公分，特徵爲老翁人物造型，頭戴儒冠，雙頰紅潤，姿勢呈微彎腰前傾，左手向前擺，右手在後，雙腳直立。

圖 564：編 Pot-08-005，
交趾陶呂洞賓塑像

圖 565：Pot-08-005
背面

　　Pot-08-005，交趾陶呂洞賓塑像（圖 564、565），高 34、寬 29、厚 9.5 公分，特徵爲男性側騎牛造型，面左。頭戴幞頭，圓臉，黑髭長鬚，著黃袍。正面側身坐於驢上，左手持劍、右手舉旗。驢呈奔跑姿。

圖 566：編 Pot-08-008，
交趾陶南極仙翁塑像

圖 567：Pot-08-008
背面

Pot-08-008，交趾陶南極仙翁塑像（圖 566、567），高 22、寬 41、厚 33.4
公分，特徵爲老翁騎鶴像，人物頭戴帽，雙頰紅潤，長鬚，著黃色寬袖長袍，
左手彎曲靠於右腿上，雙腳大開側坐於鶴上，右腳置於鶴脖子上，左腳置於
鶴左翼上，鶴呈展翅飛翔貌。

圖 568：編 Pot-08-010，
交趾陶張果老塑像

圖 569：Pot-08-010
背面

Pot-08-010，交趾陶張果老塑像（圖 568、569），高 30、寬 28.5、厚 14.5
公分，特徵爲騎驢人物塑像。頭戴幞頭，白鬍長鬚、雙頰紅潤，身著黃色長
袍。正面側身跨騎於驢上，左手掌抬起、右手抱魚鼓。驢爲橘色，呈奔馳貌。

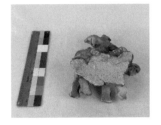

圖 570：編 Pot-08-011，
交趾陶曹國舅塑像

圖 571：Pot-08-011
背面

Pot-08-011，交趾陶曹國舅塑像（圖 570、571），高 27、寬 22、厚 12.5
公分，特徵爲人物騎象立像。人物束髮，圓臉，粗眉細目，著紅衣。正身跨
坐於象上，右手舉起、左手持笛。象站立舉鼻。

圖 572：編 Pot-08-012，
交趾陶何仙姑塑像

圖 573：Pot-08-012
背面

Pot-08-012，交趾陶何仙姑塑像（圖 572、573），高 30.2、寬 35.5、厚 13.5 公分，特徵爲女性跨騎仙鹿造型。鹿長犄角，額帶鬃毛，昂首垂尾，呈奔馳貌。人物頭束高髻，身軀微向前傾，身穿紅袍，雙手抱蓮花。

圖 574：編 Pot-08-014，
交趾陶漢鍾離塑像

圖 575：Pot-08-014
背面

Pot-08-014，交趾陶漢鍾離塑像（圖 574、575），高 24、寬 28、厚 9 公分，特徵爲人物騎成立像。頭梳雙髻垂髮，方臉留鬍，身穿開襟長袍，長褲。正面側騎，雙手抱起，原應持有物件。麒麟龍頭鹿角，身體呈奔馳貌。

圖 576：編 Pot-08-015，
交趾陶七俠五義人物塑像

圖 577：Pot-08-015
背面

Pot-08-015，交趾陶七俠五義人物塑像〔註3〕（圖 576、577），共 2 件，高

〔註3〕 因物件已脫離原先脈絡，筆者只能從物件外觀推測爲七俠五義其中二人，《七俠五義》是清代咸豐、同治年間著名說書人石玉昆講説的包青天故事改編而成。

24、寬 21、厚 9；高 19、寬 19.5、厚 7.5 公分，特徵爲童子形象，呈弓步姿。
Pot-08-015-1 童子著黃衣、青褲，雙手外展。Pot-08-015-2 童子著紫衣、青褲，
左手背於後、右手彎於身前。

圖 578：編 Pot-08-016-1，
交趾陶曹國舅塑像

圖 579：Pot-08-016-2，
交趾陶漢鍾離塑像

圖 580：編 Pot-08-016-3，
交趾陶韓湘子塑像

圖 581：編 Pot-08-016-4，
交趾陶劉海塑像

圖 582：編 Pot-08-016-5，
交趾陶何仙姑塑像

圖 583：編 Pot-08-016-6，
交趾陶呂洞賓塑像

圖 584：編 Pot-08-016-7，
交趾陶張果老塑像

圖 585：編 Pot-08-016-8，
交趾陶李鐵拐塑像

Pot-08-016，交趾陶八仙塑像〔註4〕，共8件，特徵爲：

Pot-08-016-1（圖578），高21.7、寬23.5、厚6.8公分，爲曹國舅，向左，跨坐於象上，象臉向左方。右手持響板向前方，左手向後擺，左手向前擺。

Pot-08-016-2（圖579）高21、寬22.3、厚7.4公分，爲漢鍾離，向左，跨坐於狻猊上，狻猊臉面向前方。右手向前擺，原應持有物件，左手抬起，持芭蕉扇。雙丫髻、袒胸露腹。

Pot-08-016-3（圖580）高20.4、寬25.3、厚9.2公分，爲韓湘子，向左，跨坐於麒麟上，麒麟面向左奔馳。雙手高擧，原應持笛，身著黑袍。

Pot-08-016-4（圖581）高21.7、寬21.3、厚5.9公分，爲劉海，向右，跨坐於金蟾上，金蟾面向右方。雙手高擧持線（繫於金錢上）。

Pot-08-016-5（圖582）高24、寬24、厚11公分，爲何仙姑，向右，跨坐於鹿上，鹿面右奔馳。左手擧起持蓮花，右手向後擺，身著紅、綠袍。

Pot-08-016-6（圖583）高21、寬26、厚10.5公分，爲呂洞賓，向左，跨坐於白馬上，白馬面左奔馳。道士裝扮，左手向後擧起，原應持寶劍。

Pot-08-016-7（圖584）高23.3、寬22、厚8.3公分，爲張果老，倒騎毛驢（驢向右），驢向右奔馳。左手抱魚鼓，右手摸髯，身著咖啡色長袍。

Pot-08-016-8（圖585）高22、寬24.5、厚6.4公分，爲李鐵拐騎虎，虎向右行走。頭髮亂梳，左手向前，右手向後，原應持鐵拐，後背葫蘆。

圖586：編 Pot-08-017-1，T.R 磚

圖587：Pot-08-017-2，T.R 磚

〔註 4〕藏於萬和宮文物館之高溫釉硬陶交趾陶應爲民國72年萬和宮整修時所使用。

Pot-08-017，T.R 磚（圖 586、587），長 23.5、寬 10.5、厚 6 公分，特徵為正面菱格內落「T.R」，菱格外側四角區域填充網格狀裝飾，背面帶兩組點狀模製鑄痕。胎色橙紅。

圖 588：編 Pot-08-018，窗櫺

Pot-08-018，窗櫺（圖 588），共 8 件，長 15、寬 15、厚 2.5 公分，特徵為正方形紅磚，較薄，為牆面裝飾或窗櫺用，十字中有一花圖形，圖形間挖空錢幣紋，雙面相同，八件形制相同。

圖 589：編 Pot-09-005，甕缸

Pot-09-005，甕缸（圖 589），腹徑 46、高 41 公分，特徵為一圓形木蓋，上有一突起木條，可持拿。蓋背面寫有：「萬和宮」及貼標籤：「財團法人臺中市萬和宮」。甕缸為圓鼓腹，下縮。

圖 590：編 Pot-09-011，提樑注壺

圖 591：Pot-09-011 器底

Pot-09-011，醬釉提樑注壺（圖 590），腹徑 28.7、高 25.7 公分，特徵為子母口，圓肩，短流，鼓腹，凹底。口緣兩端接弧狀提樑，器肩雕印龍紋，器腹有數條拉坯弦紋。外壁施黑釉，釉不及底。臥式蓋，中心有一鈕。整器用竹編圍繞。

圖 592：編 Pot-09-012，提樑注壺

圖 593：Pot-09-012 器底

Pot-09-012，提樑注壺（圖 592、593），腹徑 30、高 18 公分，特徵爲子母口，圓肩，短流，鼓腹，凹底。口緣兩端接弧狀提樑，器腹有數條拉坯弦紋。外壁施醬釉，下腹處施黑釉。

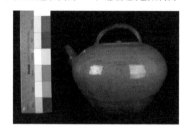

圖 594：編 Pot-09-013，提樑注壺

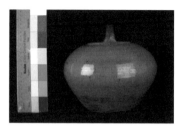

圖 595：Pot-09-013 背面

Pot-09-013，提樑注壺（圖 594、595），腹徑 24.5、高 22 公分，特徵爲子母口，圓肩，短流，鼓腹，凹底。口緣兩端接弧狀提樑，器腹有數條拉坯弦紋。外壁施黃褐釉，釉不及底。臥式蓋，中心有一鈕。

圖 596：編 Pot-09-018，鹽酸甕

圖 597：Pot-09-018 器底

Pot-09-018，鹽酸甕（圖 596、597），腹徑 34、高 47 公分，特徵爲厚唇平口，折沿，束頸，斜平折肩，直壁，下壁收凹底，口內壁有螺紋。口外一側有耳。施醬釉。

圖 598：編 Pot-09-019-1，
褐釉拍印網格紋硬陶罐

圖 599：編 Pot-09-019-2，
褐釉拍印網格紋硬陶罐

圖 600：編
Pot-09-019-3，褐
釉拍印網格紋硬
陶罐

圖 601：編 Pot-09-019-4，
褐釉拍印網格紋硬陶罐

圖 602：編 Pot-09-019-5，
褐釉拍印網格紋硬陶罐

圖 603：編
Pot-09-019-6，褐
釉拍印網格紋硬
陶罐

Pot-09-019，褐釉拍印網格紋硬陶罐（圖 598-603），共 6 件，腹徑 37、高
47；腹徑 38、高 50；腹徑 31、高 37；腹徑 32、高 42；腹徑 35、高 49.5；腹
徑 37、高 44；公分，特徵為撇口，束頸，弧肩，弧腹，斜壁下收凹底，肩部
至腹部間施有拍印紋；腹部以下見明顯拉坯痕。器壁內外通施褐釉。

圖 604：編 Pot-09-020-1，甕

圖 605：Pot-09-020-2，甕

Pot-09-020，甕（圖 604、605），共 2 件，腹徑 34、高 48 公分，特徵為
口徑小、短直頸、腹較寬、身直，下側微縮。Pot-09-020-1 釉色為土黃色較淡，
上腹側多處脫釉可見胎。頸側左下方刻有臺灣圖示及「50.9」字。Pot-09-020-2

釉色爲土黃色較深，腹處多處脫釉可見胎。頸側左下方刻有臺灣圖示及「09.1」字。

圖 606：編 Pot-09-021，醬釉陶罐　　　　圖 607：Pot-09-021 器底

　　Pot-09-021，醬釉陶罐（圖 606、607），腹徑 17.7、高 13.5 公分，特徵爲唇口外撇、直頸、圓肩、斜腹，平底略凹。器內與器外上半部施醬釉，器內壁可見拉坯痕。施醬釉。器身外肩部、頸部有牛毛紋。

圖 608：編 Pot-09-022，圓口直頸陶罐　　　　圖 609：Pot-09-022 器底

　　Pot-09-022，圓口直頸陶罐（圖 608、609），腹徑 25、高 30.4 公分，特徵爲直口，直頸，弧肩，圓鼓腹，下接平底略凹。器肩及器腹處有麻花捲紋，施醬釉，全器有拉坯痕。

圖 610：編 Pot-09-023，醬釉燉鍋　　　　圖 611：Pot-09-023 器底

　　Pot-09-023，醬釉燉鍋（圖 610、611），口徑 21.2、高 17.3 公分，特徵爲方唇，口沿平直，直腹，下壁向內略爲平折。平底，底部微凹。施紅褐釉，底不施釉。拉坯成形，留下許多拉坯痕。器壁內外與口沿處有牛毛紋，器表有氣孔與顆粒。

圖 612：編 Pot-09-024，醬釉燉鍋

圖 613：Pot-09-024 器底

Pot-09-024，醬釉燉鍋（圖 612、613），口徑 21.5、高 14.6 公分，特徵為方唇，口沿平直，直腹，下壁向內略為平折。平底，底部微凹。施紅褐釉，底部露紅胎。拉坯成形，留下許多拉坯痕。器內底有三足支釘痕。

圖 614：編 Pot-09-025，醬釉燉鍋

圖 615：Pot-09-025 器底

Pot-09-025，醬釉燉鍋（圖 614、615），口徑 16.1、高 11.9 公分，特徵為方唇，口沿平直，直腹，下壁向內略為平折，平底，底部微凹。施醬釉，底不施釉。拉坯成形，留下許多拉坯痕。

圖 616：編 Pot-09-026，醬釉燉鍋

圖 617：Pot-09-026 器底

Pot-09-026，醬釉燉鍋（圖 616、617），口徑 13、高 11.5 公分，特徵為方唇，口沿平直，弧腹，下壁內收，平底，底部微凹。施紅褐釉，底不施釉。拉坯成形，留下許多拉坯痕。全器有多處氣孔及窯渣。

圖 618：編 Pot-09-027，醬釉燉鍋

圖 619：Pot-09-027 器底

Pot-09-027，醬釉燉鍋（圖 618、619），口徑 12.5、高 10 公分，特徵爲厚唇，口沿平直，直腹，下壁向內略爲平折下收。平底，底部微凹。施紅褐釉，下腹及底不施釉。拉坯成形，留下許多拉坯痕。

圖 620：編 Pot-09-028，醬釉四繫豬油甕

圖 621：Pot-09-028 器底

Pot-09-028，醬釉四繫豬油甕（圖 620、621），腹徑 21、高 19.4 公分，特徵爲撇口，斜沿，束頸，四繫圓腹，下斜收。全器施醬釉，釉不及底。器壁有明顯拉坯痕跡。口沿下凹處，有五個蝶燒窯具痕跡，器外底亦可見五處疊燒痕。

圖 622：編 Pot-09-032，陶製粿印

圖 623：Pot-09-032 器底

Pot-09-032，陶製粿印（圖 622、623），長 11、寬 8.5、高 3.3 公分，特徵爲陶製粿印，面呈不規則橢圓形，握把處以泥條盤築法製成，手捏痕跡與泥條彎曲裂痕明顯。模面爲陰刻龜紋，背殼較深，足皆四爪，背分七甲。

圖 624：編 Pot-09-033-1，箸籠　　　　圖 625：Pot-09-033-2 器底

　　Pot-09-033，箸籠（圖 624、625），共 2 件，寬 23.4、高 23.4、厚 7.2；寬
25.4、高 21、厚 6.4 公分，特徵 Pot-09-033-1 為上寬下窄梯形筷架。正面鏤雕
圖示，有「壽」及「卍」字等，為雙格，一格放置飯勺，一格放示意的竹子。
Pot-09-033-2 一扇形筷架，正面刻有花繪及「花開富貴」字樣，為雙格。

五、低溫軟陶

圖 626：編 Pot-08-001，　　　　　　圖 627：Pot-08-001
　　　　交趾陶關羽塑像　　　　　　　　　　　背面

　　Pot-08-001，交趾陶關羽塑像〔註5〕（圖 626、627），高 20、寬 24、厚 12.5
公分，特徵為人物騎馬形象，身體向後側轉。人物為武將形像，紅面蓄長鬚，
鬃毛黑，著綠袍黃甲，雙手舉關刀，騎赤馬；此人物形象應為關羽。胎色灰
白。

〔註 5〕藏於萬和宮文物館之低溫釉軟陶交趾陶應為民國 72 年萬和宮整修時所拆下收
　　　　藏，應為更早期之產物。

圖 628：編 Pot-08-002，
交趾陶唐明皇冊封楊貴妃人物塑像

圖 629：Pot-08-002 背面

Pot-08-002，交趾陶唐明皇冊封楊貴妃人物塑像〔註6〕（圖 628、629），共2 件，高 21.3、寬 8、厚 4.9；高 22.7 寬 12、厚 8.4 公分，特徵為 Pot-08-002-1人物作文官形象，頭戴遠遊帽，右手放於胸前，左手置於腰帶上，身穿黃、綠色長袍，右腳微彎。Pot-08-002-2 人物作五官形象，左手彎曲抬起，雙腿張開，身著武官服飾，以綠色及棕色為底。

圖 630：編 Pot-08-003，交趾陶趙雲塑像

圖 631：Pot-08-003 背面

Pot-08-003，交趾陶趙雲塑像（圖 630、632），高 21、寬 22.5、厚 10.5 公分，特徵為人物側身騎馬形象。頭戴帽冠，著武將服，綠衣黃甲，手舉起為持關刀姿，但手中無物，騎紅馬。陶偶造像簡明，結構明確，僅施大面積色塊填彩。

圖 632：編 Pot-08-020，風獅爺像

圖 633：Pot-08-020 器底

〔註 6〕 因物件已脫離原先脈絡，筆者只能從物件外觀推測為唐明皇冊封楊貴妃中唐玄宗左右的文武大臣。「冊封貴妃」的情景為唐玄宗左手擁抱貴妃，右手攤開得意豪笑，左右文武大臣亦作歡樂之狀，以示慶祝。

　　Pot-08-020，風獅爺像（圖 632、633），高 24.3、寬 12.5、厚 18.5 公分，特徵為人物帶騎造型陶像，一帶帽人物騎獅，獅身下為一座做四足，座中空，造型簡陋無釉，桃色偏紅應為臺灣紅土燒成。

圖 634：編 Pot-08-019，柳條磚

圖 635：編 Pot-08-019，柳條磚

　　Pot-08-019，柳條磚（圖 634、635），共 6 件，長 15.2、寬 14.7、厚 2.3 公分，特徵為網格鏤空，為長六角形的蜂窩狀。

圖 636：編 Pot-09-029，紅陶烘爐

圖 637：Pot-09-029 器底

　　Pot-09-029，紅陶烘爐（圖 636、637），腹徑 20.5、高 15 公分，特徵為圓蓋，歛口，圓肩，肩部有鏤空花卉紋，斜弧腹下收，平底，微內凹，有三支釘痕。施紅褐釉。

圖 638：編 Pot-09-030，臺式烘爐

圖 639：Pot-09-030 器底

Pot-09-030，臺式烘爐（圖 638、639），腹徑 21.5、高 18.5 公分，特徵為斂口，斜折肩，肩部有鏤空草紋，斜腹下收，三馨足。胎呈灰黑色。

圖 640：編 Pot-09-031，
葉紋臺式烘爐

圖 641：Pot-09-031，
葉紋臺式烘爐

Pot-09-031，葉紋臺式烘爐（圖 640、641），腹徑 23.5、高 13.1 公分，特徵為斂口，微折肩，肩部有鏤空草紋，斜弧腹下收，圈足。施醬釉。

第二節　館藏日本地區陶瓷分類

日本製陶瓷共有 16 件，佔全館陶瓷器總數的 6%，形制可分為高溫青花瓷器及高溫彩瓷器兩大類，而依據功能則可分為宗教祭祀用器、建材與建築裝飾、餐飲用器及其它日常生活用器。

一、高溫青花瓷器

圖 642：編 Por-03-009，青花博古紋香爐

圖 643：Por-03-009 器底

Por-03-009，青花博古紋香爐（圖 642、643），徑 15.8、高 15.4 公分，特徵為直口，厚唇，直壁，矮圈足，凹底。胎色偏紅，施白釉。口緣繪青花菱形飾帶，器壁繪青花博古紋，器腹底繪青花菊瓣紋。

圖 644：編 Por-09-055，青花幾何花紋碗　　　圖 645：Por-09-055 器底

　　Por-09-055，青花幾何花紋碗（圖 644、645），口徑 15、高 6 公分，特徵為撇口，斜弧腹，下接圈足。青白色胎底，施以透明釉。碗緣施二道青花弦紋，碗心施青花房子、樹。器壁施青花格陵紋。

圖 646：編 Por-09-056，青花山水紋碗　　　圖 647：Por-09-056 器底

　　Por-09-056，青花山水紋碗（圖 646、647），口徑 21.5、高 8.5 公分，特徵為直口，斜弧腹，下接圈足。胎白，碗緣青花開光如意飾帶，碗心繪青花山巒、樹木，碗壁繪青花山巒。足底青花方款「青」。器外腹與器內底多牛毛紋。

圖 648：編 Por-09-022，青花風景人物盤　　　圖 649：Por-09-022 器底

　　Por-09-022，青花風景人物盤（圖 648、649），徑 11.2、高 2 公分，特徵為口沿微外撇，斜壁，圈足。胎白，釉色灰白。盤心繪青花城鎮、仕女圖。

圖 650：編 Por-09-028，青花山水圖盤　　　圖 651：Por-09-028 器底

　　Por-09-028，青花山水圖盤（圖 650、651），徑 24.5、高 3.5 公分，特徵為敞口，淺斜腹，矮圈足。盤心上有山巒，左下有帆船與河，右下有松樹、屋子、灌木叢與山壁。盤外底近圈足處二道弦紋。盤面有氣孔與牛毛紋。

圖 652：編 Por-09-083，青花纏枝紋碟　　　圖 653：Por-09-083 器底

　　Por-09-083，青花纏枝紋碟（圖 652、653），徑 7、高 1.6 公分，特徵敞口、斜腹下收、圈足。盤緣繪青花纏枝、松葉紋及弦紋。

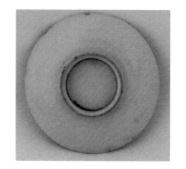

圖 654：編 Por-09-084，青花龍紋碟　　　圖 655：Por-09-084 器底

　　Por-09-084，青花龍紋碟（圖 654、655），徑 7、高 1.6 公分，特徵敞口、斜腹下收、圈足。盤緣繪有青花龍紋、葵花及太陽。

圖 656：編 Por-09-080，　　　　圖 657：Por-09-080
青花雲肩開光紋烘爐　　　　　　　器底

　　Por-09-080，青花雲肩開光紋烘爐（圖 656、657），口徑 38.5、高 25.6 公分，特徵爲平沿，直口，直壁，下收圈足，平底，有墊燒痕。施白釉，器壁施青花祥雲花卉紋。

二、高溫彩瓷器

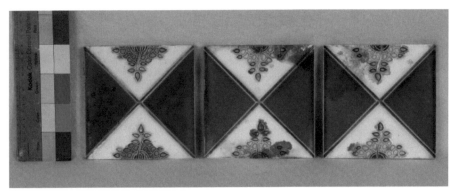

圖 658：編 Por-08-001，幾何蔓草紋馬約利卡磁磚

圖 659：編 Por-08-001 背面

　　Por-08-001，幾何蔓草紋馬約利卡磁磚（圖 658、659），共 3 件，長 15.2、寬 15.2、厚 1 公分，特徵爲方形磁磚，白胎，磚面對角分割，三角形兩兩一組，一組爲綠色三角形，另一組爲白底繪有綠葉紅花，花紋有陽紋輪廓浮起；背面橫條紋凹凸紋路，上下各印有字「DANTO KAISHA LTD」、「MADE IN JAPAN」，中央有一圓印商標「DK」。

圖 660：編 Por-08-002，幾何花草馬約利卡磁磚

圖 661：編 Por-08-002 背面

　　Por-08-002，幾何花草馬約利卡磁磚（圖 660、661），共 2 件，長 15.3、寬 15.3、厚 1 公分，特徵爲方形磁磚，白胎。Por-08-002-1 磚面對角分割，三角形兩兩一組，一組爲綠色三角形，另一組爲白底繪有綠葉紅花，花紋有陽紋輪廓浮起；背面橫條紋凹凸紋路，上下各印有字「SAJI TILE　WORKS」、「MADE IN JAPAN」，中央有菱形商標「SH」，上方印「TRADE　MARK」。Por-08-002-2 以二對角線分四塊三角形，相對施黃與綠釉，黃釉處施有彩繪半朵團花捲草。背面印有字「SAJI TILE WORKS」。

圖 662：編 Por-09-058，　　　　　　圖 663：Por-09-058
彩繪桐葉紋瓷碗　　　　　　　　　　　　器底

　　Por-09-058，彩繪桐葉紋瓷碗（圖 662、663），口徑 16、高 7 公分，特徵
為敞口，斜弧腹，下接圈足。胎白。碗緣彩繪黃色飾帶，碗壁彩繪鳥、草葉
紋，器腹底彩繪黃色飾帶。器身有牛毛紋及氣孔。

圖 664：編 Por-09-059，　　　　　　圖 665：Por-09-059 器底
彩繪嬰戲壽字碗

　　Por-09-059，彩繪嬰戲壽字碗（圖 664、665），口徑 16.2、高 7 公分，特
徵為敞口，斜弧腹，下接圈足。胎白。碗壁彩繪嬰嬉戲圖及「壽」字。圈足
底有朱紅落款「和藤監製」。器身有牛毛紋。

圖 666：編 Por-09-033，綠色弦紋盤　　圖 667：Por-09-033 器底

　　Por-09-033，綠色弦紋盤（圖 666、667），口徑 15.6、高 3.2 公分，特徵
為敞口，斜壁，圈足。白胎，施透明釉。有二道綠色弦紋，盤底「MADE IN
JAPAN」字。

第三節　館藏陶瓷器年代分析

就器物所屬年代與功能特徵觀之，所有萬和宮文物館館藏其他地區陶瓷年代大致可分爲清末（19 世紀末至 20 世紀初）、日治時期（20 世紀初）、近代（20 世紀後半），共三個時期。而大體說，萬和宮文物館所收藏其他地區所產陶瓷文物，以日治時期至 20 世紀後半製品爲主。

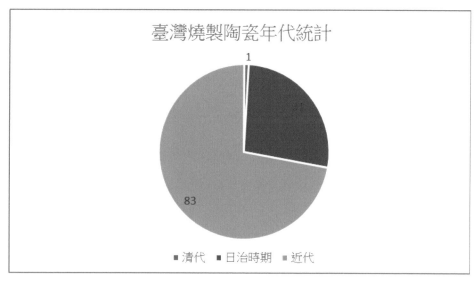

圖 668：臺灣燒製陶瓷年代統計圖表

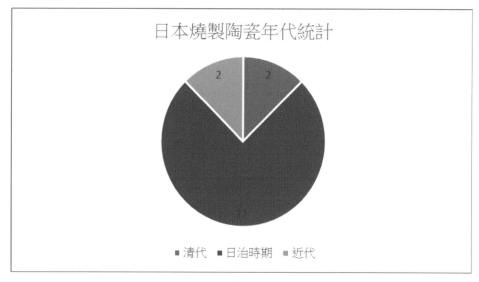

圖 669：日本燒製陶瓷年代統計圖表

一、館藏臺灣地區

（一）清代後期（19世紀末至20世紀初）

Pot-09-035，紅陶矮凳（圖670），為灶前凳的造型，凳面為圓形平面，左右兩邊鏤刻扁橢圓形的洞口，以供搬移之用。目前相似出土可見於臺灣臺南歸仁窯址（圖671、672）。〔註7〕根據歸仁窯遺址年代，可推測為清代產物。

圖670：萬和宮 Pot-09-035，紅陶矮凳

圖671：臺南歸仁窯紅陶矮凳1
出自《阿嬤砸仔思想起；館藏臺灣日用陶瓷》，頁141。

圖672：臺南歸仁窯紅陶矮凳2
出自《阿嬤砸仔思想起；館藏臺灣日用陶瓷》，頁141。

（二）日治時期（20世紀初）

1. 餐飲用器

Por-09-101，白瓷湯匙（圖673），通體施透明釉，釉色白中帶黃，胎有氣孔（圖674）。此類瓷匙先以模範製形，施透明釉後經高溫燒成，普遍用於日常生活餐飲習慣之中。目前傳世藏品可見高雄市立歷史博物館（圖675）。〔註8〕

〔註7〕 陳新上，《阿嬤砸仔思想起；館藏臺灣日用陶瓷》，頁141。
〔註8〕 盧泰康，《高雄市立歷史博物館館藏陶瓷文物委託研究計劃期末報告書》，頁282～283。

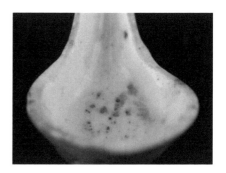

圖 673：萬和宮 Por-09-101，
白瓷湯匙

圖 674：萬和宮 Por-09-101
胎面氣孔

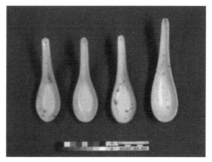

圖 675：高雄市立歷史博物館館藏白瓷直柄匙
出自《高雄市立歷史博物館館藏陶瓷文物委託研究計劃期末報告書》，頁 283。

2. 裝盛用器

Pot-09-011、Por-09-012、Por-09-013，提樑注壺（圖 676、678），依其尺寸有大小之分，大者多爲日常飲用茶水之器。清末日人曾有紀錄「大茶石古」、「小茶石古」之品名。由於此類大型注壺的器肩常雕印龍紋，故又俗稱「龍罐」。〔註9〕臺灣鶯歌陶瓷博物館（圖 680）、〔註10〕南投窯（圖 682）〔註11〕及高雄市市立歷史博物館可見相似收藏器物（圖 683、684）。〔註12〕

〔註 9〕　盧泰康，《高雄市立歷史博物館館藏陶瓷文物委託研究計劃期末報告書》，頁
　　　　214〜215。
〔註10〕　徐文琴、周義雄合著，《鶯歌陶瓷史》，頁 41；陳新上，《阿嬤硐仔思想起：館
　　　　藏臺灣日用陶瓷》，頁 66。
〔註11〕　財團法人南投縣文化基金會，《南投陶：邁向現代陶之路二百年專輯》，頁 54。
〔註12〕　盧泰康撰，《高雄市立歷史博物館典藏專輯：凝鍊初心・館藏陶瓷文物篇》，
　　　　頁 83〜84。

圖 676：萬和宮
Pot-09-011，提樑注壺

圖 677：萬和宮
Pot-09-012，提樑注壺

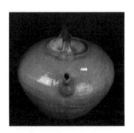

圖 678：萬和宮
Pot-09-013，提樑注壺

圖 679：周義雄收藏龍罐
出自《鶯歌陶瓷史》，頁 41。

圖 680：鶯歌產龍罐
出自《阿嬤碗仔思想起；館藏臺灣日
用陶瓷》，頁 66。

圖 681：鶯歌陶瓷博物館
展示提樑注壺
筆者攝於 2017.03.13。

圖 682：南投產茶古
出自《南投陶：邁向現代陶之路二
百年專輯》，頁 54。

圖 683：高雄市立歷史博物館館藏提樑注壺
出自《高雄市立歷史博物館典藏專輯：凝鍊
初心‧館藏陶瓷文物篇》，頁 84。

圖 684：高雄市立歷史博物館
館藏提樑注壺
筆者攝於 2017.05.21

　　Pot-09-018，鹽酸甕（圖 685），口內壁有螺紋，施醬釉。日治時期工業化之後，各種工業化生產對鹽鹼化學原料的大量需求，帶動鹽酸甕的生產。[註13] 目前可見臺灣鶯歌有出產此類器物（圖 687、688）。[註14]

圖 685：Pot-09-018　　　　　　　圖 686：Pot-09-018 甕口
萬和宮館藏鹽酸甕

圖 687：鶯歌產鹽酸罐　　　　　圖 688：鶯歌產鹽酸罐
出自《鶯歌陶瓷史》，頁 100。　　出自《鶯歌製陶 200 年特展專輯》，
　　　　　　　　　　　　　　　　　頁 34。

3. 建材或建築裝飾

　　Pot-08-017，T.R 磚（圖 689），正面菱格內落「T.R」，是由「臺灣煉瓦株式會社」所製造的機器磚，為日治時期盛產的「T.R」紅磚，[註15] 每一塊都會壓印「T.R」（Taiwan Renga）的英文縮寫，代表臺灣煉瓦株式會社對外銷售的商標註記，也是會社產出優良品質紅磚的成品代表，由於產量大，因此日治初期在臺灣多處街道改建中扮演重要角色。

〔註13〕蘇世德主編，《鶯歌製陶 200 年特展專輯》（臺北縣鶯歌鎮：臺北縣立鶯歌陶
　　　　瓷博物館，2004 年），頁 34；陳庭宣主編，《典藏臺灣陶瓷：陶博館常設展》
　　　　（新北：鶯歌陶瓷博物館，2010 年），頁 90。
〔註14〕徐文琴、周義雄合著，《鶯歌陶瓷史》，頁 100；
〔註15〕林金田，《臺灣民俗文物辭彙類編》（南投：臺灣文獻館，2009 年），頁 465。

　　大正 2 年〈西元 1913 年〉，臺灣經濟起飛，建築業蓬勃發展，紅磚需求量日漸增加，後宮信太郎〔註 16〕擴展鮫島商行〔註 17〕規模，改組為「臺灣煉瓦株式會社」，整合各地已有磚窯廠（併購サミユル洋行）〔註 18〕，並引入新式製磚技術生產煉瓦，進口用霍夫曼窯（ホフマン型輪換釜）〔註 19〕，T.R 紅磚於此誕生。

圖 689：萬和宮 Pot-08-017，T.R 磚

圖 690：鶯歌陶瓷博物館
展示 T.R 磚
筆者攝於 2017.03.13。

圖 691：高雄市立歷史博物館
展示 T.R 磚
筆者攝於 2017.05.21

〔註16〕 鮫島商行後任經營者，任職於臺北鮫島商行之副總經理。中川里江，《臺灣日治時期日本民間企業發展之研究—以臺灣煉瓦株式會社為例》（成功大學歷史學系碩士學位論文，2005 年），頁 43～45。；翁靖傑，《日治時期臺灣近代建築建築材料紅磚的使用之研究——以商標作為建築編年的初步探討》（中原大學文化資產研究所碩士學位論文，2011 年），頁 33。

〔註17〕 日人鮫島盛來臺創立鮫島商行，初期從日本進口各種紅磚及建材，於明治 28 年（1895）在臺北圓山設立煉瓦工廠，並於明治 29 年（1896）在臺興建窯場，爾後於 1899 年於高雄三塊厝設立三塊厝鮫島煉瓦工場（現今的中都唐榮磚窯場）。中川里江，《臺灣日治時期日本民間企業發展之研究—以臺灣煉瓦株式會社為例》，頁 27、35、41～43。；翁靖傑，《日治時期臺灣近代建築建築材料紅磚的使用之研究——以商標作為建築編年的初步探討》，頁 31～35。

〔註18〕 翁靖傑，《日治時期臺灣近代建築建築材料紅磚的使用之研究——以商標作為建築編年的初步探討》，頁 46～52。

〔註19〕 中川里江，《臺灣日治時期日本民間企業發展之研究—以臺灣煉瓦株式會社為例》，頁 46～48。；翁靖傑，《日治時期臺灣近代建築建築材料紅磚的使用之研究——以商標作為建築編年的初步探討》，頁 56～57。

圖 692：高雄内惟
李宅 T.R 磚

圖 693：臺陽瑞芳
總辦事處 T.R 磚

圖 694：桃園林家
古厝 T.R 磚

圖 695：臺北原樟腦精製
工廠 T.R 磚

圖 696：北投臺銀
舊宿舍 T.R 磚

圖 697：苗栗出磺坑
醫務所 T.R 磚

出自《日治時期臺灣近代建築建築材料紅磚的使用之研究——以商標作爲建築
編年的初步探討》，頁 116、121、124。

　　Pot-09-019，柳條磚（圖 698），臺灣建築所用磚瓦，皆以黏土低溫火素燒
而成楮紅或柑紅色。〔註 20〕臺灣紅磚的發展始於日治時代，由於殖民政府推動
行政建設以及基礎建設，使新式紅磚被大量使用。〔註 21〕目前可見鶯歌有燒製
相同磚（圖 700-702）。〔註 22〕

圖 698：萬和宮 Pot-09-019，柳條磚

〔註 20〕黃志農，《紅甎拾遺：臺灣甎燒文物輯》（彰化縣：左羊出版，1996 年），頁
　　　　12～13。
〔註 21〕陳庭宣主編，《典藏臺灣陶瓷：陶博館常設展》，頁 104。
〔註 22〕徐文琴、周義雄合著，《鶯歌陶瓷史》，頁 117。

圖 699：柳條磚
出自《紅甎拾遺：臺灣甎燒文物輯》，頁 13。

圖 700：鶯歌陶瓷博物館藏
柳條磚
出自《典藏臺灣陶瓷：陶博館
常設展》，頁 107。

圖 701：鶯歌陶瓷博物館藏柳條磚
出自《鶯歌陶瓷史》，頁 117。

圖 702：鶯歌陶瓷博物館
展示柳條磚
筆者攝於 2017.03.13。

（三）近代（20 世紀後半）

1. 餐飲用器

Por-09-061，青花竹紋碗（圖 703），外壁飾竹葉紋，胎面多有開片與氣孔現象。於民國 40 年代左右，鶯歌以人工彩繪為主要裝飾技術。由於青花發色穩定，不容易變色，而梅蘭菊竹等題材在繪製上也較簡易，所以這類產品深受當時人喜愛。〔註23〕目前可見相關出土地區有臺灣宜蘭蘭陽博物館（圖 704）及鶯歌陶瓷博物館（圖 705～708）。

〔註23〕陳新上，《阿嬤碰仔思想起：館藏臺灣日用陶瓷》，頁 29。

圖 703：萬和宮 Por-09-061，
青花竹紋碗

圖 704：宜蘭蘭陽博物館藏竹葉碗
出自《宜蘭的傳統碗盤》，頁 114。

圖 705：鶯歌陶瓷博物館藏青花竹紋碗
出自《阿嬤硘仔思想起：館藏臺灣日用陶瓷》，頁 29。

圖 706：鶯歌陶瓷博物館展示
青花竹紋碗
筆者攝於 2017.03.13。

圖 707：鶯歌陶瓷博物館展示
青花竹紋碗
筆者攝於 2017.03.13

圖 708：鶯歌陶瓷博物館展示
青花竹紋碗
筆者攝於 2017.03.13

Por-09-063，彩繪山水圖碗（圖 709、710），碗心左上彩繪荷葉紋，右側有房子、河、荷花苞。碗壁仿竹片編織紋。器腹與圈足內少有氣孔。目前見臺灣宜蘭蘭陽博物館（圖 711）及鶯歌窯（圖 712）有類似器物，〔註 24〕應爲臺灣鶯歌窯製作。

〔註 24〕廖仁義，《宜蘭的傳統碗盤》，頁 70。

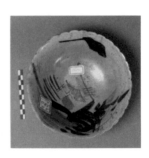

圖 709：萬和宮 Por-09-063，
彩繪山水圖碗

圖 710：萬和宮 Por-09-063，
彩繪山水圖碗

圖 711：蘭陽博物館藏彩繪山水圖碗
出自《宜蘭的傳統碗盤》，頁 70。

圖 712：鶯歌窯彩繪湯碗
出自《陶瓷臺灣：臺灣陶瓷的歷史
與文化》，頁 133。

Por-09-064、Por-09-065、Por-09-066，彩繪簡筆花草紋碗（圖 713-715），
器壁彩繪粉彩與藍色釉簡筆花草紋。此類碗為拉坯成型，先施釉下彩繪後再
澆以透明釉，經高溫燒製而成。〔註25〕光復以後全臺各地常民家中皆可見到此
類飯碗。為鶯歌地區燒製。〔註26〕

圖 713：萬和宮 Por-09-064，彩繪簡筆花草紋碗

〔註25〕 盧泰康，《高雄市立歷史博物館館藏陶瓷文物委託研究計劃期末報告書》，頁
262～263。
〔註26〕 蘇世德主編，《鶯歌製陶 200 年特展專輯》，頁 54。

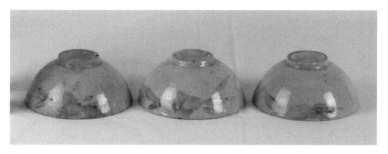

圖 714：萬和宮 Por-09-065，彩繪簡筆花草紋碗

圖 715：萬和宮 Por-09-066，彩繪簡筆花草紋碗

圖 716：鶯歌彩繪簡
筆花草紋碗
出自《鶯歌製陶 200
年特展專輯》，
頁 54。

圖 717：鶯歌陶瓷博
物館展示彩繪簡筆
花草紋碗
筆者攝於
2017.03.13。

圖 718：高雄市立歷史博物館
館藏彩繪簡筆花草紋碗
出自《高雄市立歷史博物館館
藏陶瓷文物委託研究計劃期末
報告書》，頁 263。

　　Por-09-031，彩瓷花草瓜果紋盤（圖 719），盤心彩繪綠葉紅果，沿側刻劃
蕉葉紋，器底帶模製痕（圖 720）。此類盤以模具製成，施釉加彩後高溫燒製
而成，為光復時期家庭常見之餐飲用具。〔註27〕目前臺灣鶯歌陶瓷博物館（圖
721、722）及高雄市立歷史博物館有藏相似器物（圖 723）。

〔註27〕 盧泰康，《高雄市立歷史博物館館藏陶瓷文物委託研究計劃期末報告書》，頁
　　　　224。

圖 719：萬和宮 Por-09-031，
花草瓜果紋彩瓷盤

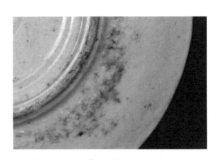

圖 720：萬和宮 Por-09-031
器底模製痕及夾沙

圖 721：鶯歌花草瓜果紋彩瓷盤
出自《鶯歌陶瓷史》，頁 109。

圖 722：鶯歌陶瓷博物館藏
白瓷彩繪蔬果紋盤
出自《典藏臺灣陶瓷：陶博館常設展》，
頁 86。

圖 723：高雄市立歷史博物館藏白瓷彩繪蔬果紋盤
出自《高雄市立歷史博物館館藏陶瓷文物委託研究計劃》，頁 224。

2. 裝盛用器

　　Pot-09-019，褐釉拍印網格紋硬陶罐（圖 724），肩部至腹部間施有拍印紋；腹部以下見明顯拉坏痕。器壁內外通施褐釉。Pot-09-019-5 頸側有「T」字款。從頸側「T」字款判斷，為苗栗陶器所製印記。苗栗陶器所原名「蠻峰窯業所」，邱鼎輝於昭和 12 年（1937）創立，於昭和 15 年（1940）改名苗栗陶器所，

光復後則改名「苗栗窯業工廠」，甕印記以「T」爲記（圖 726、727），且有的
會加上年代。〔註 28〕

圖 724：萬和宮 Pot-09-019，
褐釉拍印網格紋硬陶罐

圖 725：萬和宮 Pot-09-019
頸側「T」字款

圖 726：苗栗窯業工廠「T」印記
出自《酒甕的故鄉：苗栗酒甕的歷史與
文化特色》，頁 144。

圖 727：苗栗窯業工廠「T」印記
出自《醬缸文化　臺灣味──缸與
甕的故事》，頁 74。

Pot-09-020，褐釉拍印網格紋硬陶甕（圖 728），上腹側多處脫釉可見胎。
頸側左下方刻各有臺灣圖示、「50.9」及「09.1」字。根據「50.9」及「09.1」
字樣可知爲臺灣窯業所產。臺灣窯業原名「拓南窯業」，創設於 1942 年。1946
年併入「臺灣工礦公司」。1951 年劉闊才買下，改營「臺灣窯業」，爲光復初
年酒甕生產之龍頭，印記以臺灣地圖最爲鮮明。印記通常爲地圖中有「窯」、
「臺灣」或製造日期，地圖旁爲陶師記號。〔註 29〕

〔註 28〕鄧淑慧，《酒甕的故鄉：苗栗酒甕的歷史與文化特色》（苗栗市：苗栗文化局，
　　　　2003 年），頁 144；陳秀珠主編，《醬缸文化　臺灣味──缸與甕的故事》（臺
　　　　北：北縣鶯歌陶瓷博物館，2003 年），頁 74。
〔註 29〕鄧淑慧，《酒甕的故鄉：苗栗酒甕的歷史與文化特色》，頁 142。

圖 728：萬和宮 Pot-09-020，
褐釉拍印網格紋硬陶甕

圖 729：萬和宮 Pot-09-020
臺灣印記及日期

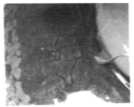

圖 730：臺灣窯業之臺灣印記及日期
出自《酒甕的故鄉：苗栗酒甕的歷史與文化特色》，頁 142。

圖 731：鶯歌陶瓷博物館展示
褐釉拍印網格紋硬陶甕
筆者攝於 2017.03.13

圖 732：鶯歌陶瓷博物館展示褐釉拍印網
格紋硬陶甕之臺灣印記及日期
筆者攝於 2017.03.13

　　Pot-09-021，醬釉陶罐（圖 733），器內壁及器底可見拉坯痕，施醬釉，器身外肩部、頸部有牛毛紋。目前可見臺灣南投窯有產此類型器物（圖 735、736）。〔註 30〕

────────────

〔註 30〕 南投縣民俗文物學會，《南投陶文物風華》，頁 143、152。

圖 733：Pot-09-021
萬和宮館藏醬釉陶罐

圖 734：Pot-09-021
器底拉坯痕

圖 735：南投籐編油甕
出自《南投陶文物風華》，
頁 143。

圖 736：南投素燒小甕
出自《南投陶文物風華》，
頁 152。

　　Pot-09-023、Pot-09-024、Pot-09-025、Pot-09-026、Pot-09-027，醬釉燉鍋
（圖 737-741），施紅褐釉，底不施釉。拉坯成形，留下許多拉坯痕。器壁內
外與口沿處有牛毛紋，器表有氣孔與顆粒。此種器物為炊煮器中的燉鍋，俗
稱「燉筒仔」，又稱「夏壺」、「下胡」或「蝦蛄」。通常用來燉煮魚肉之類的
食物或補藥等，是民間很喜歡使用的廚房用具。〔註31〕目前可見臺灣鶯歌（圖
743）、〔註32〕南投（圖 744）〔註33〕有燒造此形器物。

〔註31〕陳新上，《阿嬤硘仔思想起：館藏臺灣日用陶瓷》，頁 85。
〔註32〕徐文琴、周義雄合著，《鶯歌陶瓷史》，頁 101。
〔註33〕南投縣民俗文物學會，《南投陶文物風華》，頁 127。

圖 737：萬和宮
Pot-09-023，醬釉燉鍋

圖 738：萬和宮
Pot-09-024，醬釉燉鍋

圖 739：萬和宮 Pot-09-025，
醬釉燉鍋

圖 740：萬和宮
Pot-09-026，醬釉燉鍋

圖 741：萬和宮
Pot-09-026，醬釉燉鍋

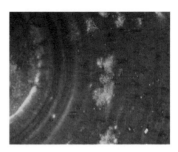

圖 742：萬和宮館藏醬釉燉
鍋器內壁拉坯痕

圖 743：鶯歌窯產鍋
出自《鶯歌陶瓷史》，頁 101。

圖 744：南投窯產醬釉燉鍋
出自《阿嬤砠仔思想起；館藏臺灣日用陶
瓷》，頁 85。

　　Pot-09-028，醬釉四繫豬油甕（圖 745），全器施醬釉，釉不及底。器壁有
明顯拉坯痕跡。口沿下凹處，有五個蝶燒窯具痕跡，器外底亦可見五處疊燒
痕。早期先民做菜烹調，以動物性油脂為主（如豬油），所以此類器物習於統
稱豬油甕。口緣為防蟻溝槽設計。目前可見臺灣南投（圖 747）有燒製此類器
物。〔註34〕

　　〔註34〕　朱陳耀撰述，《客家風情百年窯火——苗栗陶》，頁 93。

圖 745：萬和宮 Pot-09-028，
醬釉四繫豬油甕

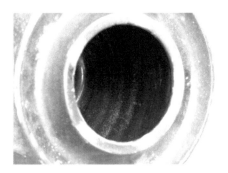

圖 746：萬和宮 Pot-09-028
醬釉四繫豬油甕器內壁拉坯痕

圖 747：苗栗窯產嬌黃灰釉四繫豬油甕，
出自《客家風情百年窯火——苗栗陶》，頁 93。

3. 日常生活用器

Pot-09-031，葉紋臺式烘爐（圖 748），「烘爐」為冬天保暖爐具，屬於臺灣傳統造型器物，特徵為圓蓋與鏤空裝飾、斂口，圓肩，肩部有鏤空裝飾，弧腹，肩部以下弧收、圈足，外壁施黃褐釉，胎色橙紅。〔註35〕透過相關傳世文物之比對，應為 20 世紀中期燒製。目前臺灣鶯歌（圖 749-751）〔註36〕、苗栗（圖 752）〔註37〕及南投（圖 753）〔註38〕可見相似產物。

〔註35〕 盧泰康，〈歷史文化與常民生活的縮影：綜論高雄市立歷史博物館典藏陶瓷〉，頁 077。

〔註36〕 陳庭宣主編，《典藏臺灣陶瓷：陶博館常設展》，頁 99。

〔註37〕 朱陳耀撰述，《客家風情百年窯火——苗栗陶》，頁 141。

〔註38〕 財團法人南投縣文化基金會，《南投陶：邁向現代陶之路二百年專輯》，頁 88。

圖 748：萬和宮 Pot-09-031，葉紋臺
式烘爐

圖 749：鶯歌折肩臺式烘爐
出自《典藏臺灣陶瓷：陶博館常設展》，
頁 99。

圖 750：鶯歌陶瓷博物館展示葉紋
臺式烘爐
筆者攝於 2017.03.13

圖 751：鶯歌陶瓷博物館展示葉紋臺式
烘爐
筆者攝於 2017.03.13

圖 752：苗栗青釉葉紋臺式火缽
出自《客家風情百年窯火——苗栗
陶》，頁 141。

圖 753：南投窯火爐
出自《南投陶：邁向現代陶之路二百年
專輯》，頁 88。

4. 宗教祭祀用器

Por-03-010，粉彩雙龍拱珠瓷爐（圖 754），口緣處繪回紋飾帶，器壁繪海
上巨岩與雙龍拱珠。目前可見臺灣鶯歌窯有收藏 1950 年代（圖 756、757），
與萬和宮文物館此文物器型紋飾相似之器物。可判斷萬和宮文物館此粉彩雙
龍搶珠瓷爐，應為臺灣光復後鶯歌窯所燒製。〔註39〕

〔註39〕徐文琴、周義雄合著，《鶯歌陶瓷史》，頁 113。

圖 754：萬和宮 Por-03-010，
粉彩雙龍拱珠瓷爐

圖 755：Por-03-010
彩繪細部照

圖 756：鶯歌陶瓷博物館展示
粉彩雙龍拱珠瓷爐
筆者攝於 2017.03.13

圖 757：鶯歌陶瓷博物館展示
粉彩雙龍拱珠瓷爐
筆者攝於 2017.03.13

　　Por-03-012，青瓷三磬足爐（圖 758），外壁近口沿處裝飾連續回紋帶，器腹刻劃纏枝牡丹紋，近底處亦為連續回紋帶。釉色淺青，內底圓餅形。為仿東溪窯式青瓷三磬足爐，根據器身紋飾為模製的，可知為近代臺灣產物，鶯歌陶瓷博物館可見相似器物（圖 760）。

圖 758：萬和宮 Por-03-012，
青瓷三磬足爐

圖 759：Por-03-012
器底

圖 760：鶯歌陶瓷博物館所藏青瓷香爐
筆者攝於 2017.03.13。

二、館藏日本地區

（一）日治時期（20世紀初）

1. 餐飲用器

Por-09-028，青花山水圖盤（圖761），盤心上有山巒，左下有帆船與河，右下有松樹、屋子、灌木叢與山壁。盤外底近圈足處二道弦紋。盤面有氣孔與牛毛紋。臺灣目前可見宜蘭蘭陽博物館有相似器物（圖764），[註40]為日治時期日本製。

圖761：萬和宮 Por-09-028，
青花山水圖盤

圖762：萬和宮 Por-09-028
青花山水圖盤45度角

圖763：Por-09-028青花松樹、
屋細部照

圖764：宜蘭蘭陽博物館館藏
青花山水圖盤
出自《宜蘭的傳統碗盤》，頁216。

Por-09-083，青花纏枝紋碟（圖765），盤緣繪青花纏枝、松葉紋及弦紋。目前可見日本城之內遺址有出土相似紋樣之器物（圖767），[註41]根據遺址年代可推測約為昭和9年（1934）製品。

[註40] 廖仁義，《宜蘭的傳統碗盤》，頁216。

[註41] 財團法人瀨戶市文化振興財團埋藏文化財センター，《せともの百年史——中部地方出土の近代陶磁　瀨戶・美濃窯の近代3》（愛知縣：財團法人瀨戶市文化振興財團埋藏文化財センター，2009年），頁27、46、47。

圖 765：萬和宮 Por-09-083，
青花纏枝紋碟

圖 766：萬和宮 Por-09-083
青花纏枝紋細部照

圖 767：日本城之內遺址出土青花纏枝紋碟
出自《せともの百年史——中部地方出土の近代陶磁
瀨戶・美濃窯の近代 3》，圖 25。

　　Por-09-058、Por-09-059，彩繪瓷碗（圖 768），碗緣彩繪黃色飾帶，碗壁彩繪鳥、草葉紋，器腹底彩繪黃色飾帶，器身有牛毛紋及氣孔。目前可見臺灣宜蘭蘭陽博物館有相似器物（圖 772）。〔註 42〕Por-09-058 由器壁上的草葉紋飾可判斷爲桐葉紋（圖 773）。〔註 43〕原本桐是鳳凰棲息的樹木，所以桐木也被視爲神聖之物，鳳凰在桐樹上鳴叫被視爲君王出現的祥瑞之兆。在日本鎌倉時代，桐即被認定爲天皇的家紋，爾後足利尊氏與豐臣秀吉皆被天皇賜與桐紋章做爲家紋。〔註 44〕到明治時期相對於皇室使用的菊紋章，於憲法中規定日本政府的首相、內閣使用五七桐紋章，另外皇宮警察本部及法務省則使用五三桐紋章。而桐紋可以用上方花的樹量來分類，如中間的花莖有五花，兩旁花莖爲三花則稱「五三桐」；中央七花，兩旁五花則稱「五七桐」等等。

〔註 42〕廖仁義，《宜蘭的傳統碗盤》，頁 268。
〔註 43〕中田忠夫，《大日本帝國陸海軍　軍裝と裝備：明治・大正・昭和》（東京：株式會社池宮商會，2010 年），頁 95、238。
〔註 44〕丹羽基二修，黃碧君譯，《日本家徽圖典》（《家紋　知れば知るほど》），臺北：商周城邦文化出版，2008，頁 30～33。

圖 768：萬和宮 Por-09-058，
彩繪桐葉紋瓷碗

圖 769：萬和宮 Por-09-059，
彩繪嬰戲壽字碗

圖 770：萬和宮 Por-09-058
草葉紋飾

圖 771：萬和宮 Por-09-059
壽字及嬰嬉戲圖

圖 772：清水窯產嬰嬉戲壽字碗
出自《宜蘭的傳統碗盤》，頁 268。

圖 773：日本從軍勳章
（五三桐）紋飾
出自《大日本帝國陸海軍 軍裝と
裝備：明治・大正・昭和》，頁 95、
238。

2. 建材或建築裝飾

　　Por-08-001、Por-08-002，馬約利卡磁磚（圖 774、775），馬約利卡磁磚
（Majolica Tile）為二十世紀前半的日本陶瓷工業產品，以模壓印方式生產，
常以幾何圖案搭配花卉做設計。[註45]

〔註45〕盧泰康，《高雄市立歷史博物館館藏陶瓷文物委託研究計劃期末報告書》，頁
579～582。

　　此種方形彩磁磚面，在最初的設計上是仿維多利亞樣式磁磚。〔註46〕一般用於新興的富裕家庭建築，是傳統彩繪、雕刻外，受到消費者喜愛的裝飾建材。根據堀込憲二〈日治時期使用於臺灣建築上彩磁的研究〉一文可知，日製馬約利卡磁磚約於明治40年（1907）被成功製造。而臺灣在戰前（1945）年代所蓋的傳統居所或日治時期的近代建築，常可見有馬約利卡磁磚的裝飾。〔註47〕Por-08-001 根據商標「DANTO KAISHA LTD」、「MADE IN JAPAN」及中央有一圓印商標「DK」（圖 776），可知爲日本淡陶株式會社（DANTO KAISHA LT.D）所生產製作，年代約爲 1920 至 1935 年；〔註48〕Por-08-002 根據商標「SAJI TILE WORKS」、「MADE IN JAPAN」、中央有菱形商標「SH」，及「TRADE MARK」（圖 777），可知爲日本佐治公司（SAJI TILE WORKS）生產，〔註49〕年代約爲 1920 至 1935 年。

圖 774：萬和宮 Por-08-001，
幾何蔓草紋馬約利卡磁磚

圖 775：萬和宮 Por-08-002，
幾何花草馬約利卡磁磚

圖 776：「DANTO KAISHA LTD」
商標

圖 777：「SAJI TILE WORKS」
商標

〔註46〕康諾錫，《臺灣老花磚的建築記憶》（臺北：貓頭鷹出版，2016 年），頁 65。
〔註47〕堀込憲二，〈日治時期使用於臺灣建築上彩磁的研究〉，《臺灣史研究》，第八卷第二期，2001，頁 72～73。
〔註48〕康諾錫，《臺灣老花磚的建築記憶》，頁 142～143。
〔註49〕堀込憲二，〈日治時期使用於臺灣建築上彩磁的研究〉，頁 78。

圖 778：高雄市立歷史博物館幾何蔓　　圖 779：屏東里港雙慈宮供桌鑲嵌幾
　　　草紋馬約利卡磁磚　　　　　　　　　何蔓草紋馬約利卡磁磚
　　　筆者攝於 2017.05.21　　　　　　　　筆者攝於 2017.03.27

圖 780：幾何蔓草紋馬約利卡磁磚
出自〈日治時期使用於臺灣建築上彩磁的研究〉，頁 85。

圖 781：幾何蔓草紋馬約利卡磁磚　　　圖 782：幾何花草馬約利卡磁磚

圖 783：日本淡陶　　　圖 784：日本佐治　　　圖 785：金門水頭公婆
（DANTO）株式會社　　（SAJI）磚廠商標　　　桌椅鑲嵌幾何蔓草紋馬
　　　商標　　　　　　　SAJI＋菱形/方　　　　　約利卡磁磚

出自《臺灣老花磚的建築記憶》，頁 43、47、124、142、143。

第四節　小結

　　萬和宮文物館所藏屬於臺灣本地燒造的陶瓷文物，共有 115 件，其所屬年代約在 20 世紀前期至 20 世紀後。這些臺灣本地燒造的各類陶瓷，燒造地點包含鶯歌、南投等地窯場，其所屬功能用途呈現相當多樣化的特徵，反映臺灣本地燒製的陶瓷，在民間日常生活中的廣泛運用，以及臺灣近代陶瓷工業逐步發展的歷程。

　　以類型觀察館藏臺灣陶瓷文物，可分為高溫青花瓷、高溫彩瓷、高溫硬陶及低溫軟陶。各類型陶瓷文物其中高溫青花瓷佔館藏臺灣陶瓷文物最多，高溫硬陶次之。另就功能分類觀察館藏臺灣陶瓷文物之個別數量，可知宗教相關祭祀用器，館藏共 3 件，佔館藏臺灣陶瓷文物比例 3%；「餐飲用器」共 39 件，佔其比例為 34%；「裝盛用陶瓷器」，共有 21 件，佔臺灣陶瓷文物比例為 18%；「建材與建築裝飾」共 42 件，佔館藏臺灣陶瓷文物比例最高，為 36%；「生產與製造用器」共計 1 件，所佔比例約 1%；「其他日常生活用器」共計 9 件，佔館藏臺灣陶瓷文物比例為 8%。以下分述六種不同功能陶瓷之器類內容。

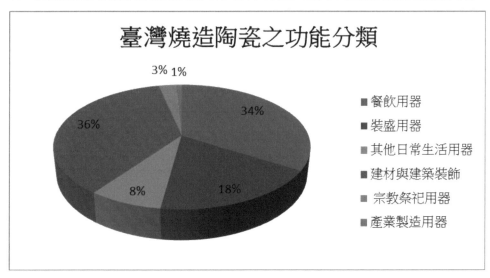

圖 786：萬和宮文物館館藏臺灣燒造陶瓷功能統計表

　　萬和宮文物館所藏之日本燒造陶瓷，共有 16 件，以類型觀察館藏日本陶瓷文物種類較少，可分為高溫青花瓷及高溫彩瓷。所屬年代在 19 世紀末至 20 世紀前半（日本統治臺灣時期），以高品質的高溫瓷器為主，所屬功能種類較少，僅有四類，分別為餐飲用器、其他日常生活用器、宗教祭祀用器及建材

與建築裝飾。萬和宮文物館所藏日本製「餐飲用瓷」總數為 9 件，佔其總數之 57%；「生活用陶瓷」總數為 1 件，佔其總數之 6%；「宗教祭祀用器」總數為 1 件，佔其總數之 6%；「建築用陶瓷」共計 5 件，佔其總數之 31%。

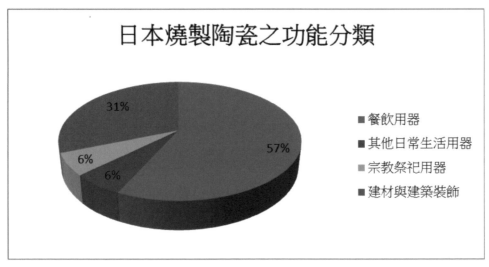

圖 787：萬和宮文物館館藏日本燒造陶瓷功能統計表

　　由上述分析總體來看，萬和宮文物館館藏陶瓷器以民生用器（餐飲用器、日常生活用器等）為展示主體，而非廟宇當初遺留之物件（祭祀用器）。似乎也代表著萬和宮文物館並非以廟宇的信仰為中心去購藏展品，而是以建立南屯犁頭店地區的常民生活去發展，欲以建構地區民眾對於犁頭店街發展的意識認同以及歷史集體記憶的塑造。亦即透過物件詮釋過去民眾的時代背景與生活方式，建立民眾的地方知識與歷史意識。

第四章　臺灣博物館中的陶瓷展示分析：以萬和宮文物館爲例

　　過去在臺灣，對於文物的重視往往不及其他類文化資產，而民間（宗教）文物的典藏與展示，更不及官方博物館物件的典藏有其自訂一套系統，可說是處於被忽略的階段。但在到了 20 世紀後，臺灣文化資產的觀念興起，陸續於日治時期訂定了《古器舊物保存法》、[註1]《史蹟名勝天然紀念物保存法》，[註2] 至民國時期國民政府公布的《古物保存法》、[註3]《文化資產保存法》[註4]、《古物分級登錄指定及廢止審查辦法》[註5] 及《文物普查列冊追蹤作業應注意事項》[註6]，提出了文物普查項目規定及列冊追蹤實施要點，民間（宗教）文物在公有、私有機關及民眾間開始被重視，並有物件被指定登錄爲「一般古物」、「重要古物」，甚至是「國寶」，在此物件便被賦予了文化歷史、藝術

[註 1] 於明治 4 年（1871）公布實施，爲日本政府透過法律制定，建構日本本土文化資產保存法的機制。林會承，《臺灣文化資產保存史綱》（臺北市：遠流，2011），頁 47。

[註 2] 於大正 8 年（1919）由日本政府制定，保護對象包含史蹟、名勝及天然紀念物。林會承，《臺灣文化資產保存史綱》，頁 47。

[註 3] 於民國 19 年（1930）由國民政府公布的文化保存基本法，後於民國 24 年（1935）11 月進行第 1 次修正。林會承，《臺灣文化資產保存史綱》，頁 72。

[註 4] 最早於民國 71（1982）年總統令制定公布全文 61 條，期間陸續更修、實施，共計修改 8 次，至民國 105（2016）年 7 月 27 日總統華總一義字第 10500082371 號令修正公布。

[註 5] 民國 94（2005）年 12 月 30 日行政院文化建設委員會文壹字第 0942130933-5 號令發布，並於民國 106（2017）年 3 月 15 日發布修改預告版。

[註 6] 民國 105（2016）年 10 月 25 日文授資局物字第 1053010654 號函訂。

或科學之價值意涵。也可以說,臺灣的博物館從官方博物館的建構到不斷增加地方博物館的成立,甚至是各類型的文物陳列室,透過地方文化的結合與組織,建構出臺灣在地的文化形象予大眾。[註7]

在〈靈光與除魅——當臺灣民間宗教文物進入在地「博物館」收藏〉一文中提到,臺灣民間宗教文物多半是日常生活中即可接觸到的物件,材質較為低廉,因而具有普遍性、大眾性、常民性或是實用性。而由於文化資產觀念的普及,也造成各地寺廟陸續興建寺廟文物館,[註8] 以及民間宗教文物進入博物館中,例如 1932 年創設的臺灣史料館、1973 年成立的財團法人鹿港民俗文物館、1989 年成立的鹿港天后宮媽祖文物館、1990 年開館的臺中民俗文物館、1996 年啟用的北港朝天媽祖文化大樓、2006 年開館的古月民俗館等等。[註9] 而萬和宮也並於其列,於民國 84 年(1995)於旁邊的萬和文化大樓 4 樓成立文物館,並以傳統文物、先民生活器物作為展示主題,收藏文物類型豐富。

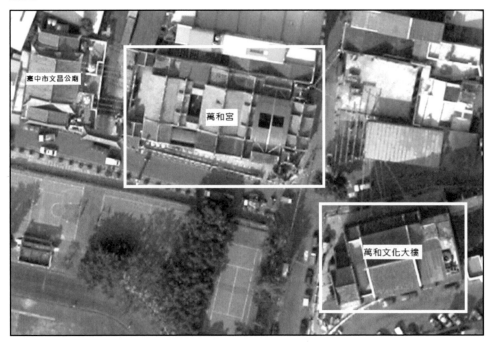

[註 7] 王嵩山,〈博物館學與地方史知識〉,《博物館、思想與社會行動》,頁 137。

[註 8] 李建緯,〈靈光與除魅——當臺灣民間宗教文物進入在地「博物館」收藏〉,頁 36。

[註 9] 李建緯,〈靈光與除魅——當臺灣民間宗教文物進入在地「博物館」收藏〉,頁 40～46。

圖 788：萬和宮及萬和宮文物館位置圖

　　上述類型之博物館也可說是地方社區型博物館（local community museum），是蒐藏具有地方特色的文物，做爲促進國家文化意識的環節之一。地方博物館扮演著保存、詮釋地方文化資產的工作，使地方的人可以透過地方博物館進行歷史與地方的對話，在此之下對於地方的認同也會同時被建構出來。〔註10〕筆者以臺灣其它博物館內以陶瓷器物爲展示主體的實例，與萬和宮文物館陶瓷展示做分析比對。下節即以鶯歌陶瓷博物館、葉王交趾陶文化館、高雄市立歷史博物館爲例。

〔註10〕廖紫均，〈社區博物館與地方寺廟〉，《博物館學季刊》，第 16 卷第 1 期，2002 年，頁 105～110。

第一節　萬和宮文物館陶瓷展示現況

　　臺灣民間寺廟對於博物館的認知常有誤解，認為只要提供展示空間便可等於博物館，事實上並不然，博物館為須具備典藏、展示、教育等功能。收藏與展示一直是博物館的重要課題，物件進去博物館的場域後，通常會被賦予新的意義、新的功能或新的角色，牽扯到了物件的「去時間化」與「再時間化」。也可說是一種物件的「博物館化」，物件在博物館的場域之中脫離了原有的時空脈絡，透過「再時間化」重新定位並賦予新的意義。〔註11〕

　　萬和宮文物館內物件亦是在此種狀況下，進入文物館收藏。物件脫離了原有的脈絡，由文物館重新給予新的定義。文物館蒐集、購藏歷代及先民文物，館內多捐贈舊時農耕器具、日常生活用器與禮俗節慶使用的器皿文物，以傳統文物、先民生活器物作為展示主題，收藏文物類型豐富，但也代表展示文物類型繁雜，無特定主軸。

　　以下內容將針對萬和宮文物館之展示內容、展示手法、展示設備、文物預防保護措施進行現況討論與分析。

萬和宮文物館展示分析

	展示內容	展示手法	展示設備	文物預防保護措施
萬和宮文物館	犁頭店常民生活展示區 萬和宮文物傳襲區 主題特展區 其他物件區 戶外展示區	靜態式 開放、情境式展示	展示櫃 簡易告示牌	保全設備 防火設施 水杯

〔註11〕　林崇熙，〈博物館文物演出的時間辯證：一個文化再生產的考察〉，《博物館學季刊》，第 19 卷第 3 期，2005 年，頁 7～23；廖靜如，〈宗教文物蒐藏：神聖與博物館化〉，《博物館學季刊》，第 20 卷第 2 期，2005 年，頁 67～80；李建緯，〈博物館與歷史──歷史物件的再現、詮釋與記憶〉，《博物館概論》，待刊稿。

一、展示內容及展示手法

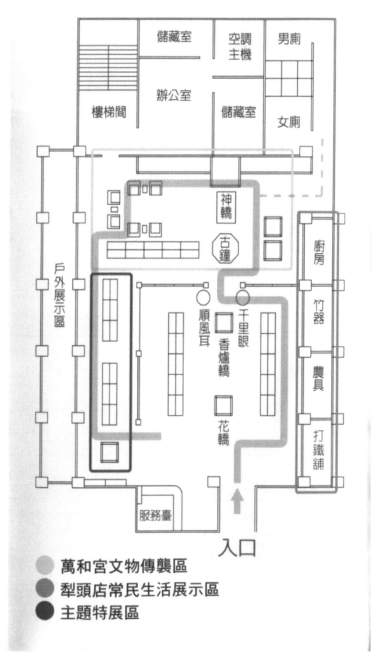

圖 789：臺中市萬和宮文物館展示區圖示
出自〈萬和宮文物館簡章〉，2015。

　　文物館展示區可分為三大主題（如圖 789），即犁頭店常民生活展示區、萬和宮文物傳襲區、主題特展區，以及此三大主題外的其他物件區、戶外展示區。犁頭店常民生活展示區展示了與南屯犁頭店的開墾相關之物件，館內收藏許多南屯地區先民開墾留存的農耕機具、打鐵工具、紡織機、竹編及民生用品；萬和宮文物傳襲區陳列展示萬和宮早期典藏使用的廟宇傳襲品，包括鉎鐵鐘、鉎鐵爐，及神轎、香爐轎等；主題特展區則展示萬和宮早期使用的魁儡戲偶。

　　其中陶瓷器文物展示位置分散於犁頭店常民生活展示區、萬和宮文物傳襲區、其他物件區及戶外展示區，犁頭店常民生活展示區展示的陶瓷器部分包含了餐飲用器（碗、盤等）；萬和宮文物傳襲區包含了建築構件（交趾陶、馬約利卡花磚等）；其他物件區包含的種類較多，展示區域亦較分散，如餐飲用器（碗、盤）、產業製造用器（粿模）、宗教祭祀用器（香爐）、其他日常用器（暖爐、烘爐、五梅壺等）；戶外展示區則包含了裝盛器（甕、缸）。由此可見陶瓷器文物在文物館內展示擺設分散於各處，並無統一規劃。

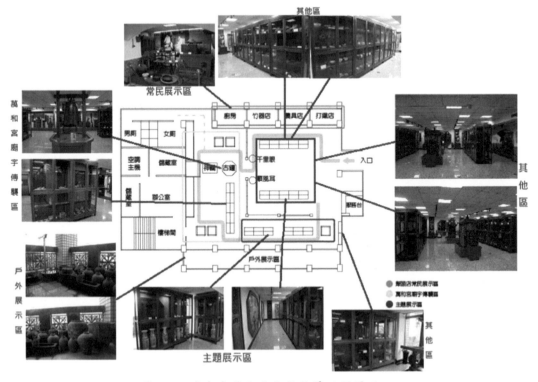

圖 790：臺中市萬和宮文物館展示區圖示

　　而從展示手法來看，萬和宮文物館使用兩種展示手法：使用展示櫃以及開放、情境式展示。由圖 790 可看出主題特展區，以及此三大主題外的其他物件區爲使用展示櫃的展示手法，犁頭店常民生活展示區、萬和宮文物傳襲區及戶外展示區則使用開放、情境式展示，〔註12〕借靜態式〔註13〕的展示手法，配以適當的空間及陳述法，〔註14〕將展示資訊傳遞給觀者。

圖 791：萬和宮文物館常民生活展示區
　　　　筆者攝於 2017.04.24

圖 792：萬和宮文物館萬和宮文物傳襲區
　　　　筆者攝於 2017.04.24

圖 793：萬和宮文物館主題展示區
　　　　筆者攝於 2017.04.24

圖 794：萬和宮文物館主題展示區
　　　　筆者攝於 2017.04.24

〔註12〕〈如何分析博物館展示——研究方法旨趣〉一文將展覽分爲「主題式」及「情境式」展覽。張婉眞，〈如何分析博物館展示——研究方法旨趣〉，《博物館學季刊》第 15 卷第 3 期，2001 年，頁 17。

〔註13〕在〈博物館的展示規劃〉一文，認爲展示基本型態可區分爲靜態以及動態，靜態手法中展示品呈靜止狀態；動態手法則又可分爲活化式、操作式、互動式。張崇山，〈博物館的展示規劃〉，頁 61～62。

〔註14〕在〈展示策略與方法之分析〉中將展示策略的種類分爲 14 種，即放大法、縮小法、比喻法、比較法、陳述法、透視法、引誘法、測驗法、遊戲法、重覆法、恐嚇法、鼓勵法、藝術法以及戲劇法。陸定邦，〈展示策略與方法之分析〉，頁 18～22。

　　從文物館物件的收藏年代來看，大致在民國 7、80 年代文物館成立之時，由廟方購藏或信徒捐贈，而非以展示廟宇當初所使用的物件為主軸。筆者根據所藏之物件種類，可發現並非以廟宇的信仰為中心去購藏，而是以建立南屯犁頭店地區的常民生活去發展，也就是透過文物館的成立，建構犁頭店民眾的自我意識形態之認同以及民眾的歷史集體記憶（地區性意識的建立）。

　　由萬和宮文物館已知捐贈者（表 4）之 35 件文物來觀察，可發現其中餐飲用器（22 件）及日常生活用器（11 件）佔的比例最高，而由全部的陶瓷器物件觀察之，常民生活用器亦佔了絕大多數。由此可知，萬和宮文物館之宗旨並非與過去的地方、廟宇文物館相同，圍繞在廟宇信仰的意識上，而是以民眾的地方知識與歷史意識為主體。可以說是透過物件詮釋過去民眾的歷史與生活方式，使觀者與過去、現在及未來做連結的地方知識與歷史（Local knowledge and history）〔註15〕，地方社會通過自我發現與地方組織建構出臺灣地方社會的文化意識，亦是萬和宮文物館獨特之處。

表 4：萬和宮文物館捐贈物件表

項目	編目號	品名，題材內容	年款	製作年代	捐贈者	尺寸（公分）	件數
1.	Por-03-002	青花雜寶開光爐	無	18 世紀至 19 世紀（清代）	施性溫	高 8.9、徑 30.8	1
2.	Pot-09-007	五梅壺	無	19 世紀末至 20 世紀初（清末）	黃泉源（民國 72 年第八屆信徒）	高 9、肩寬 11.5、徑 7	1
3.	Por-09-007	粉彩花卉喜字桃紋盤	成化年製	18 世紀後半至 19 世紀初（清中晚期）	王朝麒	高 2.3、徑 13.4	1
4.	Por-09-008	粉彩花卉桃紋盤	成化年製	18 世紀後半至 19 世紀初（清中晚期）	王朝麒	高 2.6、徑 13.4	1
5.	Por-09-010	粉彩花果壽字瓷盤	無	19 世紀末至 20 世紀初（清末）	忠貞同濟會	高 2.9、徑 18.7	1
6.	Por-09-015	青花梵文盤	無	19 世紀末至 20 世紀初（清末）	詹麗娟	高 4.3、徑 24.6	1
7.	Por-09-026	青花中黨旗幟盤	無	20 世紀初（1912 後）	忠貞同濟會	高 2.4、徑 12.9	1
8.	Por-09-038	青花花草紋碗	無	19 世紀末至 20 世紀初（清末）	黃泉源（民國 72 年第八屆信徒）	高 6、徑 17	1
9.	Por-09-039	青花花草紋碗	無	19 世紀末至 20 世紀初（清末）	黃泉源（民國 72 年第八屆信徒）	高 5.3、徑 18	1
10.	Por-09-045	青花纏枝囍字紋碗	無	19 世紀末至 20 世紀初（清末）	忠貞同濟會	高 4.3、徑 11.4	6
11.	Por-09-049	青花梵文碗	無	19 世紀末至 20 世紀初（清末）	忠貞同濟會	(1)高 5.5、徑 12.7 (2)高 5.8、徑 13.3	2
12.	Por-09-067	彩繪花草蝶紋碗	無	19 世紀末至 20 世紀初（清末）	黃泉源（民國 72 年第八屆信徒）	高 5.6、徑 13.6	1

〔註15〕王嵩山，〈博物館學與地方史知識〉，《博物館、思想與社會行動》，頁 137～139。

13.	Por-09-069	青花山水四繫壺	無	19 世紀末至 20 世紀初（清末）	忠貞同濟會	腹寬 13，高 15	1
14.	Por-09-072	彩繪人物茶壺	無	19 世紀末至 20 世紀初（清末）	黃泉源（民國 72 年第八屆信徒）	高 13.5、徑 11.5	1
15.	Por-09-073	青花纏枝紋罐	無	18 世紀至 19 世紀（清代）	忠貞同濟會	高 19、寬 20	1
16.	Por-09-075	青花囍字纏枝紋罐	無	18 世紀至 19 世紀（清代）	忠貞同濟會	高 23、寬 21	1
17.	Por-09-076	青花山水紋罐	無	18 世紀至 19 世紀（清代）	忠貞同濟會	高 18、寬 18	1
18.	Por-09-079	青花文字罐	無	19 世紀（清中晚期）	王朝麟	高 7、徑 4	1
19.	Por-09-081	青花山水紋罐	無	19 世紀末至 20 世紀初（清末）	王朝麟	徑 2.4、高 6.4	1
20.	Por-09-082	青花花卉紋罐	無	19 世紀末至 20 世紀初（清末）	王朝麟	高 10.5、徑 5	1
21.	Por-09-093	廣彩人物仕女瓷瓶	無	19 世紀末至 20 世紀初（清末）	陳科仰	徑 21.5、高 41.5	1
22.	Por-09-101	粉彩花卉匙	無	19 世紀末至 20 世紀初（清末）	王朝麟	匙面長 6、寬 4.6、高 5.5	1
23.	Por-09-057	彩繪草葉紋碗	無	20 世紀前半（日治時期）	詹麗娟	高 7、徑 16	1
24.	Por-09-066	彩繪簡筆花草紋碗	無	20 世紀中（戰後 1951-1960）	蕭清杰（第三、四屆董事長）	高 8、徑 19	4
25.	Por-09-029	粉彩花紋盤	無	20 世紀中（戰後 1951-1960）	陳秀英	高 2.8、徑 16.7	1
26.	Por-09-030	彩繪花卉瓷盤	無	20 世紀中（戰後）	陳秀英	高 3、徑 19.2	1
27.	Por-09-031	彩瓷花草瓜果紋繪盤	無	20 世紀中（戰後 1951-1960）	詹麗娟	高 2、徑 3.88	1
28.	Por-09-032	粉彩花卉瓷盤	無	20 世紀中（戰後 1951-1960）	陳秀英	高 2、徑 14.7	1
29.	Pot-09-011	醬釉提樑注壺	無	20 世紀初（清末日治時期）	黃泉源（民國 72 年第八屆信徒）	腹徑 29.8、高 25.7	1
30.	Pot-09-029	紅陶烘爐	無	日治時期	黃泉源（民國 72 年第八屆信徒）	高 15、徑 20.5	1
31.	Pot-04-001	壎	無	20 世紀後（現代）	劉邦憲	(1)高 9、徑 1.8 (2)高 8、徑 1.6	2
32.	Por-09-056	青花山水紋碗	無	20 世紀前半（日治時期）	張玉	高 8.5、徑 21.5	1
33.	Por-09-028	青花山水圖盤	無	20 世紀前半（日治時期）	詹麗娟	高 3.5、徑 24.5	1
34.	Por-09-059	彩繪嬰戲壽字碗	無	20 世紀前半（日治時期）	黃泉源（民國 72 年第八屆信徒）	高 7、徑 16.2	1
35.	Por-09-033	綠色弦紋盤	無	20 世紀後（現代）	詹麗娟	高 3.2、徑 15.6	1

二、展示設備及文物預防保存措施

　　文物館內使用的展示設備基本上以展示櫃爲主，展示櫃衣物件大小又可分爲單層至四層，且使用玻璃隔板區隔。另外輔以簡易的展示資訊卡（圖796），且非所有物件皆設置簡易資訊卡。除此之外，並無其它輔佐設備，如旋轉臺、鏡子、背景展示圖解照等。而燈光設備除了日光燈外於常民生活展示區上方還另設有展示燈（圖 797），但平常展示時多以日光燈爲主，導致文物聚光燈不佳，而日光燈亦容易造成文物成分之損害。

圖796：萬和宮文物館簡易資訊卡
筆者攝於 2017.04.24

圖795：萬和宮文物館展示櫃
筆者攝於 2017.04.24

圖797：萬和宮文物館展示燈
筆者攝於 2017.04.24

　　對於文物館內維護措施，面對大門右側可見有防盜保全措施（圖 798），大門左側則有消防設施（圖 800），進入館內大門後右側擺放兩支滅火器，其他地方則無相關安全防護措施。且館內雖設有空調、防盜、防火設施，以及儲藏室（四樓內側以及六樓），卻未見專屬保存物件的庫藏空間。

圖798：萬和宮文物館大門照，右側可見防盜保全，左側則可見消防栓
筆者攝於 2017.04.24

圖 799：大門右側防盜保全
筆者攝於 2017.04.24

圖 800：右側門後方放置二支滅火器
筆者攝於 2017.04.24

　　而針對館內陶瓷器文物保存維護，可見各個展示櫃內之上層角落放置一杯水杯（圖 803），推測是作為濕度控制之作用，但是可發現水杯充滿水漬，及髒污，似乎一段時間未整理、替換。

圖 801：萬和宮文物館展示櫃上層右側
角落放置水杯筆者攝於 2017.04.24

圖 802：水杯放大圖
筆者攝於 2017.04.24

圖 803：可見水杯水漬及髒污
筆者攝於 2017.04.24

圖 804：展示櫃上層右側角落
放置水杯，
可見下層並無放置水杯
筆者攝於 2017.04.24

第二節　其他相關博物館中的陶瓷展示

　　臺灣以陶瓷器文物作為展示主題的博物館（文化館或文物館），目前可見於鶯歌陶瓷博物館、南投縣文化局南投陶展示館、嘉義市政府文化局交趾陶館、臺南市學甲慈濟宮葉王交趾陶文化館以及高雄市立歷史博物館等等，其中鶯歌陶瓷博物館、南投縣文化局南投陶展示館、嘉義市政府文化局交趾陶館以及高雄市立歷史博物館為國有單位所建構，而葉王交趾陶文化館則為私人單位由政府補助所建構而成。

一、鶯歌陶瓷博物館

　　鶯歌陶瓷博物館（以下簡稱陶博館）自民國 89 年（2000）11 月開館，展覽以鶯歌當地的陶瓷原料及製陶文化為主軸，為臺灣第一座陶瓷專業主題的博物館。

表 5：鶯歌陶瓷博物館展示分析

鶯歌陶瓷博物館	展示內容	展示手法	展示設備	文物預防保護措施
	臺灣傳統製陶技術 臺灣陶瓷發展 鶯歌陶瓷發展 史前、原住民、陶瓷觸摸區 工業與精密陶磁	靜態式及動態 活化式 開放、主題式 展示	展示櫃 告示牌 互動式螢幕 展示燈	保全設備 防火設施

（一）展示內容及展示手法

　　陶博館之常設展以臺灣陶瓷的燒窯技術及常民文化為展示主題。常設展位於陶博館的一樓及二樓，三樓則為特展空間。

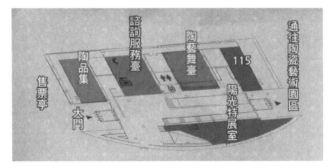

圖 805：陶博館一樓平面圖
出自〈鶯歌陶瓷博物館展覽簡介〉，2017。

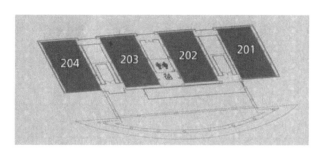

圖 806：陶博館二樓平面圖
出自〈鶯歌陶瓷博物館展覽簡介〉，2017。

　　常設展分爲五大展區主題，即 115 室（臺灣傳統製陶技術）、201 室（臺灣陶瓷發展）、202 室（鶯歌陶瓷發展）、203 室（史前、原住民、陶瓷觸摸區）、204 室（工業與精密陶磁）。〔註16〕常設展呈現了許多陶瓷器之民生用器，許多展品是在今日也能經常看見與被使用的日常生活用器，如碗、盤、甕等。因而陶博館一方面傳遞陶瓷的常民生活特性外，也突破傳統博物館只展示珍貴物件的論點，〔註17〕似乎也代表了近年來民間文物的重要性漸漸提升。陶博館的展覽基礎爲：

> 以臺灣陶瓷發展爲主體，呈現臺灣人民在這塊土地上生活的記憶及歷史，以展現陶博館做爲臺灣陶瓷主題博物館的格局。並打破一般文物陳列的方式，以參與式、學習式的互動關係爲導向，結合各類型展品與資訊科技，塑造各種體驗式展示情境，具體而生動地表現臺灣陶瓷發展的生態情境與文化精髓……。〔註18〕

圖 807：陶博館 201 常設展示區
介紹板，出自《典藏臺灣陶瓷：
陶博館常設展》，頁 93。

圖 808：陶博館 202 常設展示區
開放式展示物件，出自《典藏臺灣
陶瓷：陶博館常設展》，頁 102。

〔註16〕陳庭宣主編，《典藏臺灣陶瓷：陶博館常設展》（新北：鶯歌陶瓷博物館，2010年），頁 9～11。
〔註17〕陳世瑋，《博物館展覽中的展覽文本與物件：以鶯歌陶瓷博物館之常設展爲例》（國立臺灣藝術大學藝術管理與文化政策研究所碩士學位論文，2016年），頁 2。
〔註18〕陳庭宣主編，《典藏臺灣陶瓷：陶博館常設展》，頁 9。

圖 809：陶博館 203 常設展示區展示
櫃，出自《典藏臺灣陶瓷：陶博館常
設展》，頁 112。

圖 810：陶博館 203 常設展示區展示
櫃及簡易資訊牌，筆者攝於
2017.03.31

　　可以得知，陶博館試圖創造一個敘述性、故事性強，且親近民眾的展覽場域。展覽物件與以往的博物館展示不同，並非只是單調地放於展覽櫃中，而是一方面將物件放於半開放空間，另一方面再輔以展示櫃及說明牌，使展覽處於流線動向的狀態，讓民眾去了解其背後之發展故事，五個常設展雖各代表了不同主題，但整體又形成了一個完整的主題架構。

（二）展示設備及文物預防保存措施

　　陶博館內使用的展示設備以展示櫃為主，另外於牆上設置大型的介紹板（圖 807），另於展示櫃內放置簡易的展示資訊卡（圖 810）。除此之外，還設置互動式螢幕（圖 811）以及展示櫃特效燈光照射（圖 812）。而針對預防保存措施，除了基本的保全、消防措施之外，陶博館並無特別設置陶瓷器的加固及溫濕度控制設備。

圖 811：陶博館互動式螢幕
出自《典藏臺灣陶瓷：陶博館
常設展》，頁 112。

圖 812：陶博館展示櫃特效燈光照射
出自《典藏臺灣陶瓷：陶博館常設展》，
頁 102。

二、臺南學甲慈濟宮葉王交趾陶文化館

　　葉王交趾陶文化館爲財團法人臺南市學甲慈濟宮所創立，典藏葉王交趾陶作品百餘件，爲目前國內外典藏葉王作品最多者。文化館創設於民國 72 年（1983），附屬於財團法人學甲慈濟宮，因慈濟宮內多件葉王交趾陶於民國 69 年（1980）期間遭竊，因此將剩餘之葉王原作取下，後文化館配合文化部文化資產局與臺南市政府補助款，將館內重新整修並開放參觀。

圖 813：臺南學甲慈濟宮葉王交趾陶文化館，
筆者攝於 2017.05.20

表 6：臺南學甲慈濟宮葉王交趾陶文化館展示分析

臺南學甲慈濟宮葉王交趾陶文化館	展示內容	展示手法	展示設備	文物預防保護措施
	1. 葉王交趾陶	1. 靜態式 2. 情境式展示	1. 展示櫃 2. 溫溼度計 3. 展覽看板 4. 告示牌 5. 展示燈	1. 保全設備 2. 防火設施 3. 溫溼度控制 4. 物件防倒措施

（一）展示內容及展示手法

　　學甲慈濟宮葉王交趾陶文化館中的展覽共分爲三層（一至三樓），進入館內一樓後第一眼可見關於葉王的生平簡介看板，讓觀者首先了解展示對象。第二、三樓則爲針對葉王交趾陶的收藏與展示。

圖 814：置於葉王交趾陶文化館一樓的葉王生平簡介看板
筆者攝於 2017.05.20

　　進入二樓便可見到葉王之交趾陶作品呈列於展示櫃內，主要主題爲針對指定爲國寶之葉王作品進行展示介紹，另有關於交趾陶製作過程、葉王的壯年時期、葉王交趾陶題材類型等介紹，但與展示物件並無直接關係。而三樓的展示以葉王與慈濟宮爲主題，其將本在慈濟宮內的葉王交趾陶主題整幅拆下，放於文化館內展示，可發現展示主題與物件間的關聯較爲明確。

圖 815：葉王交趾陶文化館二樓展示空間，筆者攝於 2017.05.20

圖 816：葉王交趾陶文化館二樓展示空間，筆者攝於 2017.05.20

圖 817：葉王交趾陶文化館三樓葉王與
慈濟宮展示區，筆者攝於 2017.05.20

圖 818：葉王交趾陶文化館三樓葉王作
品與宮內對應位置，筆者攝於
2017.05.20

　　葉王交趾陶文化館可說是使用「靜態式」及「情境式」展示方法，其將
葉王交趾陶展示品置於展示櫃內，展品呈現靜止狀態，觀者並不會影響展品
的狀態與呈現。〔註19〕而「情境式」展覽為將展示品依照其在空間、功能的相
對關係所聯繫起來，是一種最靠近觀眾生活經驗的展示手法。〔註20〕

（二）展示設備及文物預防保存措施

　　葉王交趾陶文化館內使用的展示設備以展示櫃為主，另外於展示櫃內輔
以簡易及故事告示牌（圖 819、820）。簡易告示牌為每件物件下方皆有標示其
名稱、作者及典藏編號，而故事告示牌則為針對較有故事性的作品，進行其
故事敘述。而展示櫃內除了告示牌位還放有溫濕度計（圖 821）。除此之外，
於牆上設有展覽看板（圖 822），針對大主題進行介紹，雖與展品無直接關聯
性，但可讓觀者增加對作者及展品背景知識。

圖 819：葉王交趾陶文化館展品簡
易告示牌，筆者攝於 2017.05.20

圖 820：葉王交趾陶文化館展品故事
告示牌，筆者攝於 2017.05.20

〔註19〕 張崇山，〈博物館的展示規劃〉，頁 61〜62。
〔註20〕 張婉真，〈如何分析博物館展示──研究方法旨趣〉，頁 17。

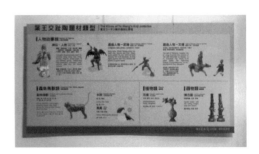

圖 821：葉王交趾陶文化館溫濕度　　圖 822：葉王交趾陶文化館展覽看板
　　　計，筆者攝於 2017.05.20　　　　　　筆者攝於 2017.05.20

　　館內維護措施有保全設備、防火設施、溫濕度控制及防止展品傾倒措施。防火設施位於電梯出來右側放有兩罐滅火器，並於館內設有火警發信機，另在館內設有保全設備。

圖 823：葉王交趾陶文化館消防設施　　圖 824：葉王交趾陶文化館消防設施
　　　筆者攝於 2017.05.20　　　　　　　　　筆者攝於 2017.05.20

圖 825：葉王交趾陶文化館保全設備
筆者攝於 2017.05.20

　　而針對預防保存措施則設有溫溼度控制及預防物件傾倒措施。館內展示櫃皆放有溫溼度計，將濕度控制在約 55 之間，並於國寶級展品之展示櫃內設有通風設計，以免物件過於潮濕而損毀。除此之外，館內物件為由廟內拆卸下來進行展示，因而物件難免有損壞造成固定不易之狀況，因而每件展品皆有使用線材及樹脂玻璃加固（圖 828、829），以免物件傾倒、撞毀。

圖 826：葉王交趾陶文化館溫濕度
控制，筆者攝於 2017.05.20

圖 827：葉王交趾陶文化館通風設施
筆者攝於 2017.05.20

圖 828：葉王交趾陶文化館樹脂玻璃及線材固定展品
筆者攝於 2017.05.20

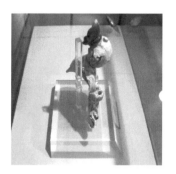

圖 829：葉王交趾陶文化館樹脂玻璃及線材固定展品
筆者攝於 2017.05.20

三、高雄市立歷史博物館

　　高雄市立歷史博物館，是臺灣第一座由地方政府經營的城市歷史博物館，亦是古蹟再利用爲文化館舍的典範，承載著高雄子民的生活映像與歷史軌跡。

圖 830：高雄市立歷史博物館
筆者攝於 2017.05.21

表 7：高雄市立歷史博物館展示分析

高雄市立歷史博物館	展示內容	展示手法	展示設備	文物預防保護措施
	二二八常設展特展室（陶瓷生活故事，2017）	靜態式開放、情境式展示	展示櫃 展覽看板 告示牌 展示燈	保全設備 防火設施 溫溼度控制 物件防倒措施

（一）展示內容及展示手法

　　高博館設有展覽、推廣、典藏三個專業部門，企圖結合民間人力與資源，確立專業導向，營造一個小而美的優質博物館，文物典藏品約八千多項。高博館之展示分為常設展以及特展室兩種。常設展以二二八為主題，展示二二八事件中於舊高雄市政府武力鎮壓的情境，推動人民反思二二八事件之意義。特展室主題以高雄發展史、地方風土民情等為主，筆者參觀時為陶瓷生活故事特展。〔註21〕

〔註21〕筆者於 2017 年 05 月 21 日進行參觀。

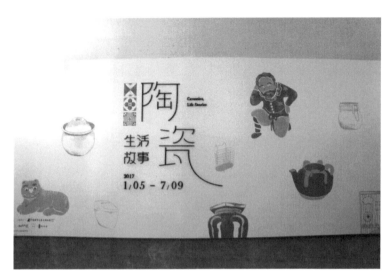

圖 831：高雄市立歷史博物館陶瓷生活故事展
筆者攝於 2017.05.21

　　陶瓷生活故事特展，又分爲 A-E 的展示區，A 區爲「展序」，介紹陶瓷器的誕生以及現代陶藝的展示；B 區展示主題爲「陶瓷是時空的介質」，展出 15件於館周邊所採集的陶瓷標本；C 區展示主題爲「陶瓷生活故事」，展示陶瓷在日常生活中的使用；D 區展示主題爲「陶瓷大小事」，展示除了日常生活用器外的陶瓷器，如建築材料、產業製品等；E 區展示主題則爲「陶瓷現在式」，介紹陶瓷應用方面擴大到機械、醫療、電子等方面。

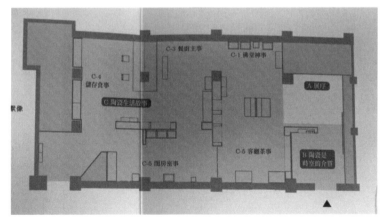

圖 832：高雄市立歷史博物館陶瓷生活故事特展展區平面圖 A-C 區
出自〈陶瓷生活故事展簡介〉，2017。

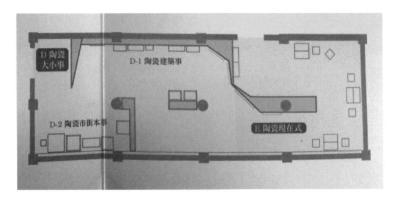

圖 833：高雄市立歷史博物館陶瓷生活故事特展展區平面圖 D-E 區
出自〈陶瓷生活故事展簡介〉，2017。

　　其每個展區將展品擺放於不同的空間脈絡中，如 C 區將展品空間變為「家」，物件的空間脈絡變成了「閨房」、「餐廚」、「客廳」等，利用開放式空間與民眾形成親近的情境式互動關係。

圖 834：高雄市立歷史博物館陶瓷生活故事特展 B 區
筆者攝於 2017.05.21

（二）展示設備及文物預防保存措施

　　陶瓷生活故事特展內使用的展示設備以展示櫃空間為主（圖 835），另外於展示櫃下方輔以告示牌（圖 836）。除此之外還設有展覽看板或於牆上設置文字說明（圖 837），針對每個展覽空間的不同進行介紹與導引。告示牌則依編號排序，說明展品之名稱。

圖835：高雄市立歷史博物館文字説明
筆者攝於 2017.05.21

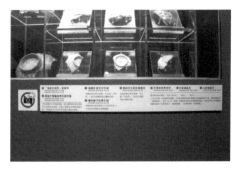

圖836：高雄市立歷史博物館告示牌
筆者攝於 2017.05.21

圖837：高雄市立歷史博物館告示牌
筆者攝於 2017.05.21

　　另對於館內維護措施有保全設備、防火設施、溫濕度控制。溫濕度控制使用冷氣以及除濕機，除濕機放於展館一角，但可見水位已滿還未處理。除此之外，還可件某些展品下方設有鏡子（圖 840），讓觀者可觀察展品的底部紋飾等資訊。而針對預防保存措施則設有預防物件傾倒措施，每件展品皆有使用線材或樹脂玻璃加固，以免物件傾倒、撞毀，且使破片立起，更易於觀者觀看。

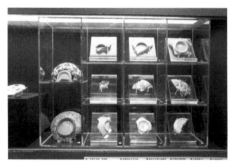

圖 838：高雄市立歷史博物館展示櫃樹
脂玻璃加固，筆者攝於 2017.05.21

圖 839：高雄市立歷史博物館展品加固
筆者攝於 2017.05.21

圖 840：高雄市立歷史博物館下方放置
鏡子，筆者攝於 2017.05.21

圖 841：高雄市立歷史博物館展品使用
線材加固，筆者攝於 2017.05.21

第三節　文物館與博物館中的陶瓷展示分析

在臺灣，以陶瓷器文物作爲展示主題的博物館（文化館或文物館），目前大部分爲國有單位所建構，其中葉王交趾陶文化館則爲由政府補助、私人單位建構。萬和宮文物館之展示規劃與葉王交趾陶文化館性質較爲相近，皆爲私人單位所設置。

表 8：博物館內陶瓷展示分析

	展示內容	展示手法	展示設備	文物預防保護措施
萬和宮文物館	1. 犁頭店常民生活展示區 2. 萬和宮文物傳襲區 3. 主題特展區 4. 其他物件區 5. 戶外展示區	1. 靜態式 2. 開放、情境式展示	1. 展示櫃 2. 簡易告示牌 3. 展示燈	1. 水杯 2. 保全設備 3. 防火設施

鶯歌陶瓷博物館	1. 臺灣傳統製陶技術 2. 臺灣陶瓷發展 3. 鶯歌陶瓷發展 4. 史前、原住民、陶瓷觸摸區 5. 工業與精密陶磁	1. 靜態式及動態活化式 2. 開放、主題式展示	1. 展示櫃 2. 告示牌 3. 互動式螢幕 4. 展示燈	1. 保全設備 2. 防火設施
臺南學甲慈濟宮葉王交趾陶文化館	1. 葉王交趾陶	1. 靜態式 2. 情境式展示	1. 展示櫃 2. 溫溼度計 3. 展覽看板 4. 告示牌 5. 展示燈	1. 保全設備 2. 防火設施 3. 溫溼度控制 4. 物件防倒措施
高雄市立歷史博物館	1. 二二八常設展 2. 特展室（陶瓷生活故事，2017）	1. 靜態式 2. 開放、情境式展示	1. 展示櫃 2. 展覽看板 3. 告示牌 4. 展示燈	1. 保全設備 2. 防火設施 3. 溫溼度控制 4. 物件防倒措施

　　由上表可發現，筆者研究之四間國內陶瓷相關展示博物館（文化館或文物館）在展示設備上大多使用展示櫃或有輔以開放式展示手法，另設有簡易告示牌說明展品。告示牌內容以名稱及編號為主，少有多做說明。有些則另設置故事性說明板（如臺南學甲慈濟宮葉王交趾陶文化館及高雄市立歷史博物館），而大部分亦設有展覽看板，雖不一定與展品有直接關係，但卻間接傳遞展品背景時代訊息予觀眾。而萬和宮文物館雖設有簡易告示牌，但非每件展品皆有擺放，且內容多有錯誤或誤植，以及過於簡略。

　　另針對文物預防保護措施，雖設有溫溼度控制設施（如冷氣、除濕機、溫濕度計、通風孔等），但因非專業性控制設備，而維護上稍嫌不足，萬和宮文物館亦只擺放水杯作為濕度控制。在物件的擺設設置上，臺南學甲慈濟宮葉王交趾陶文化館及高雄市立歷史博物館有針對物件防倒進行相關防護措施，如樹脂玻璃、線材加固，萬和宮文物館則無任何相關防護設備。

　　總體來說，萬和宮文物館展示動線以犁頭店常民生活展示區、萬和宮文物傳襲區、主題特展區三大區為主，另外有其他展示區及戶外展示區，其展

示是爲建構犁頭店地區之文化認同及民眾集體記憶，與過去地方廟宇文化館（文物館）有所不同。也可說一種「文化認同」，由分享了共同的歷史傳統、習俗規範或常民集體記憶，形成某一族群的歸屬感，[註22] 也凝聚了犁頭店地區民眾的認同基礎。也因如此，過去臺灣民間宗教在地方的呈現可說是「陳列」而非「展示」，相較於「展示」，「陳列」爲將物件擺放於展示櫃內，而無其特定主軸或邏輯亦是，而「展示」則具有特地目的及意識行爲要傳遞給觀者。可能牽涉到族群在社會脈絡中的某種目的或運作，[註23] 而萬和宮文物館可說是盡力達到了博物館中「展示」的手段。

另館內陶瓷器物件因爲展內規劃區主題之原因，分散擺放於各處，並無統一一處規劃，另外館內所有材質之文物維護措施，皆只有於展示櫃上層角落擺放一水杯，做爲控制濕度裝置之作用似乎稍嫌不足。

圖 842：館內萬和宮廟宇傳襲展示區陶瓷器物件，筆者攝於 2017.04.24

圖 843：館內常民生活展示區陶瓷器物件，筆者攝於 2017.04.24

圖 844：館內其他展示區陶瓷器物件，筆者攝於 2017.04.24

圖 845：館內其他展示區陶瓷器物件筆者攝於 2017.04.24

〔註22〕蔡怡怡，〈類博物館的地方文化館參與節慶與地方意識之連結——以平溪爲例〉，《博物館季刊》，第 27 卷第 1 期，2013 年，頁 5～8。

〔註23〕王嵩山，《博物館與文化》（臺北：遠流出版，2012），頁 52～53。

　　有關萬和宮文物館日後陶瓷文物典藏及展示方向之建議，一般來說依文資法中的古物分類為依照屬性分類，可分為藝術作品、生活及儀禮器物、圖書文獻。博物館常用分類為案材質分類，如玉器、陶瓷器、青銅器、漆器、紙質等等。而依照民間宗教文物分類原則則是按功能分類，可分為供像類（如神像、牌位等）、供器法器類（如香爐、薦盒、燭臺等）、頌讚公告類（如匾額、楹聯等）、陳設類（如家具、神龕等）、出巡（進香）類（如進香旗、執事牌、神轎等）、樂器類、日常生活用器類、圖書文獻類、建築構件、武器類、機械設備類。因館內陶瓷器種類繁多，且多為文物館設置後購藏而非廟內原有物件，筆者認為可依據博物館分類（材質）及民間宗教文物分類（功能）原則作展示擺設規畫，首先按材質將陶瓷器文物集中於一處，再按照功能分類，將館內陶瓷器分為供器法器類、日常生活用器類、樂器類、建築構件四大類，以便日後做文物維護防災措施。

　　針對預防性保存防災建議，對於文物館室內狀況應注意日曬、保全及溫度控制問題，展示櫃應具有抵擋外界相對濕度劇變的功能，且須將藏品依種類分別存放在不同空間。〔註24〕另外防火及地震的安全措施必不可少，萬和宮文物館內可見有滅火器二支及大門旁的消防栓，除此之外建議可在入口處標示「禁菸」，及在館內設置煙火偵測器，並於館內各角落皆放置滅火器且定期檢測有效期限。

　　而針對地震防護措施，在庫存及展示物件時，須注意因陶瓷器相對其他物件較為脆弱，須依其特性擺放在環境狀況比較穩定的區域，如放置較低的位置，另外更要注意陶瓷器物件的撞擊與震動皆容易造成物件的損害，因而展示櫃、陳列櫃的底座必須堅固且平穩，且須緊靠牆邊或繫住櫃頂加強穩固。除此之外陶瓷器物件還須注意支撐及固定問題，配合器物的外型製作支撐，且在大量接觸物件的地方加上軟墊，可防止其擦傷、變形與破裂。〔註25〕使用開放式的展示空間或儲存架，建議裝上用布料簾子，以免展品因日久而布滿灰塵。

〔註24〕張世賢，〈博物館預防性保存措施導論〉，《文物保存維護研討會：文物預防性保護與急難處理論文集》（臺北：行政院文化建設委員會，1996年），頁2～4。
〔註25〕張世賢，〈博物館預防性保存措施導論〉，頁2～6。

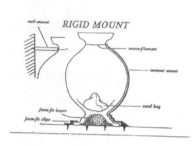

圖 846：固著式展出，文物附著於堅固的「脊骨」或支架上，並以線材繫牢固
定，出自〈Seismin Disasters: Mitigation of Damage and Response〉，
頁 7-35。〔註26〕

圖 847：靜態裝置，頂部及底部固定 　圖 848：以樹脂玻璃托架展示，並以
於牆面及展示櫃臺基上，且瓶口與瓶 　單線將瓶身繫牢於樹脂玻璃支柱上
底安置於支架上

出自〈The Protection of Cultural Heritage in Museum Collections From Earthquake
Damage.〉，頁 083-084。〔註27〕

〔註26〕 Jerry Podany，〈Seismin Disasters: Mitigation of Damage and Response〉，《文物
保存維護研討會：文物預防性保護與急難處理論文集》（臺北：行政院文化建
設委員會，1996 年），頁 7-1 至 7-42。

〔註27〕 Jerry Podany，〈The Protection of Cultural Heritage in Museum Collections From
Earthquake Damage.〉，《文物保存維護研討會專輯》（臺北：行政院文化建設
委員會，1995 年），頁 068～091。

第五章　結論

一、萬和宮文物館陶瓷研究成果

　　萬和宮文物館所收藏的陶瓷器文物共計 261 件，其中屬於中國燒造的陶瓷文物是數量最多的館藏陶瓷器，共有 130 件。館內臺灣本地燒造的陶瓷文物共有 115 件，其所屬年代約在 20 世紀前期至 20 世紀後。另外館內日本燒造陶瓷則共有 16 件，所屬年代在 19 世紀末至 20 世紀前半（日本統治臺灣時期）。

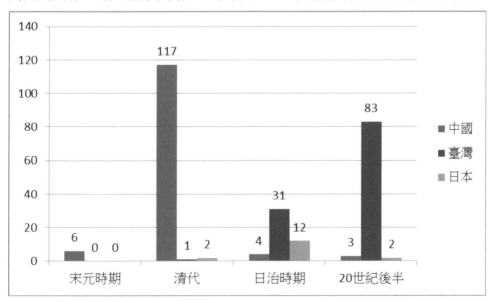

圖 849：萬和宮文物館館藏陶瓷所屬年代統計表

　　本研究針對陶瓷器功能分類，可將所有陶瓷器劃分爲「餐飲用器」、「裝盛用器」、「其他日常生活器」、「建材與建築裝飾」、「宗教祭祀用器」、「產業製造用器」以及「陳設裝飾用器」，共七類。其中「餐飲用器」包含碗、盤、杯、壺等，所佔數量最多，品質較爲粗糙，皆爲臺灣民間早期常見的日常餐飲用器，也顯示了臺灣早期製陶瓷產業還未發達，大部分需由中國進口低價的餐飲用器以供人民使用。「裝盛器具」則是罐、甕、缸等具有實用功能容器。「其他日常生活用器」則是日常生活中各式各樣的生活用具，包含煙具、凳、火爐等等類型。「建材與建築裝飾」包含彩磚、瓷磚等建築用材，另有裝飾性較強的建築用陶瓷，如交趾陶、磚雕。「宗教祭祀用器」則是祭祀用香爐，館內所藏香爐種類豐富，具有各式形制。「產業製造用器」包含粿印。「陳設裝飾用器」是以瓶形器爲代表，主要是做爲欣賞審美爲主要用途的裝飾用瓷。最後是「樂器」，此類數量只有兩件，如壎。這些多樣化反映了陶瓷臺灣民間日常生活中，各種陶瓷器具的廣泛運用。

　　經本研究分析可知，臺中市萬和宮文物館所收藏的陶瓷文物，可依照其產地來源，區分爲中國、臺灣、日本，而這些來自不同產地的各類陶瓷文物，呈現出不同的類型特徵、年代與功能，多樣化地反映了臺灣的文化變遷、常民生活及及民眾的集體記憶。館內所收藏的中國燒製陶瓷，其所屬年代約在宋元時期至近代 20 世紀左右，其中清代時期所屬器物最多。產地大多爲中國南方福建地區，其各類器形與紋飾呈現中國陶瓷傳統工藝、功能使用與審美價值，如黑釉茶碗（Por-09-035）、青花簡筆纏枝囍字紋碗（Por-09-046）、青花靈芝紋盤（Por-09-002）、青花纏枝紋罐（Por-09-073）、廣彩人物花卉紋雙獅耳口花瓶（Por-09-092）、青瓷三乳足爐（Por-03-005）、綠釉三乳足爐（Pot-03-001）、五梅壺（Pot-09-007）等等，聯繫了清代以降，臺灣與中國傳統文化的交流、貿易等密切關係。

　　屬於臺灣本地燒製的陶瓷，所佔數量次之，所屬年代清代時期至 20 世紀後半，其中器物年代以 20 世紀後半最多。其所屬功能用途具有相當多樣的特徵，如粉彩花紋盤（Por-03-031）、粉彩雙龍拱珠瓷爐（Por-03-010）、T.R 磚（Pot-08-017）等，顯示臺灣本地燒製的陶瓷，在民間日常生活中的廣泛運用，以及臺灣近代陶瓷工業逐步發展的歷程。至於館藏的日本陶瓷數量最少，以日治時期（20 世紀前半）的高品質瓷器爲主，是日本殖民地統治臺灣時期被引進島內居民生活中的外來陶瓷製品，如彩繪桐葉紋瓷碗（Por-09-058）、幾

何蔓草紋馬約利卡磁磚（Por-08-001）等，而新的餐飲習慣、生活方式以及日本風情，也清楚體現在這些陶瓷的造型、功能與紋飾之上。

二、展示相關建議

　　萬和宮文物館蒐集、購藏信眾文物，喚起南屯在地耆老與民眾保存鄉土文化之意識，館內多居民捐贈早期農耕器具、農家生活用品與禮俗節慶使用的器皿文物，以此為基礎將傳統文物、先民生活器物作為展示主題，規劃了萬和宮廟宇傳襲展示區、常民生活展示區及主題展示區，此三大主軸。除此之外亦有其他展示及戶外展示區。萬和宮廟宇傳襲展示區多展示早期萬和宮內所用之物件，如薦盒、籤詩板、木製燭臺等，其中陶瓷器包含了交趾陶偶及花磚。常民生活展示區模擬了早期先民的生活樣態，分為打鐵店、農具店、竹器店及廚房，展示的陶瓷器文物包含餐飲用器。主題展示區則是展示萬和宮早期所使用之傀儡戲偶，無包含陶瓷器文物。其餘陶瓷器文物則分散於其他展示區及戶外展示區。

圖 850：萬和宮廟宇傳襲展示區──廚房

圖 851：萬和宮廟宇傳襲展示區——農具店

　　萬和宮透過文物館的成立，將民眾的地方知識與歷史意識作爲展示主軸，建構犁頭店民眾的自我意識形態之認同以及民眾的歷史集體記憶（地區性意識的建立）。即是透過物件詮釋過去民眾的歷史與生活方式，使地方文物館與地方意識產生連結，社會通過自我發現與地方組織建構出臺灣地方社會的「文化認同」，形成族群的歸屬感，更凝聚了犁頭店地區民眾的認同基礎，亦是萬和宮文物館獨特之處。

　　針對日後館內陶瓷文物典藏及展示方向之建議，依具可依據博物館分類（材質）及民間宗教文物分類（功能）原則作展示擺設規畫，先按材質再按照功能分類，將館內陶瓷器分爲供器法器類、日常生活用器類、樂器類、建築構件四大類，以便日後做文物維護防災措施。

　　另外關於預防性保存防災建議，對於文物館室內狀況文物館室內狀況應注意日曬、保全、防火、溫度控制及防災等問題，在庫存及展示物件時，還須注意陶瓷器之特性，依特性擺放在環境狀況比較穩定的區域，展示櫃、陳列櫃的底座必須堅固且平穩，且須緊靠牆邊或繫住櫃頂加強穩固，陶瓷器物件還須注意支撐及固定問題，如安置樹脂玻璃支架以及使用線材固定。除此之外因過去萬和宮文物館內在做文物清點時，曾將捐贈者及日期的標籤只貼

於物件上，建議於清點完成後便撕下另行保存，以免膠質黏著於陶瓷器物件上造成物件之損壞與破壞。

　　整體來說，本研究對於萬和宮文物館展示收藏之陶瓷器物件進行分析，判斷其所屬年代及產地，給予陶瓷器意涵與定位。對於萬和宮文物館展示研究與建議，則屬於初步研究階段，做為文物館展示及文物維護改善的一個起點，筆者希望透過此研究，能提供未來對陶瓷器或宗教民俗文物館之研究一些參考價值。

參考文獻

中文專書

1. Colin Renfrew & Paul Bahn,《考古學：理論、方法與實踐》,北京：文物出版,2004。

2. Giulio Carlo,《藝術史學的基礎》,臺北：東大出版,1992 年。

3. Heinrich Wölfflin,《藝術史的原則》(Principles of art history),臺北：雄獅出版,1987 年。

4. 中國硅酸鹽學會主編,《中國陶瓷史》,北京：文物出版社,1982 年。

5. 中國陶瓷編輯委員會,《景德鎮民間青花瓷器》,上海：上海人民美術出版社,1994 年。

6. 丹羽基二修,黃碧君譯,《日本家徽圖典》(《家紋 知れば知るほど》),臺北：商周城邦文化出版,2008,頁 30-33。

7. 方樑生,《臺灣之硘：生活的點滴盤仔豆油碟》,臺北市：方樑生,2001 年。

8. 方樑生,《臺灣之硘看款》,臺北縣：盧麗珠,2009 年。

9. 王志宇計畫主持,《大村鄉志》,彰化縣大村鄉：彰縣大村鄉公所,2015。

10. 王嵩山,《博物館、思想與社會行動》,新北市：遠足文化,2015 年。

11. 王嵩山、李建緯,《104 年澎湖縣百年歷史廟宇及教堂文物普查計畫(一)》,委託單位：澎湖縣政府文化局；執行單位：逢甲大學亞太博物館學與文化研究中心,2017 年。

12. 王嵩山,《博物館與文化》,臺北：遠流出版,2012。

13. 朱正宜、陳俊男等《新寮遺址搶救發掘研究計畫》,臺南：財團法人樹谷文化基金會、國立臺灣史前文化博物館,2010 年。

14. 朱陳耀撰述，《客家風情百年窯火——苗栗陶》，南投市：臺灣文獻館，2006 年。

15. 何傳坤、劉克竑、陳浩維，《嘉義縣新港鄉板頭村遺址考古試掘報告》，嘉義縣政府、嘉義縣立文化中心主辦；新港文教基金會，1999 年。

16. 何傳坤、劉克竑主編，《板頭村遺址標本圖鑑：清代諸羅縣笨港縣丞署出土遺物》，臺中市：自然科學博物館，2004 年。

17. 余繼明，《民間清中晚期青花瓷器圖鑑》，杭州：浙江大學出版社，2003 年。

18. 吳其生，《中國古陶瓷標本·福建漳窯》，廣州：嶺南美術出版社，2002 年。

19. 吳其生，《中國福建古陶瓷標本大系：南靖窯》，福州：福建美術出版社，2005 年。

20. 吳其生，《明清時期漳州窯》，福州：福建人民出版社，2015。

21. 吳其生、李和安編，《中國福建古陶瓷標本大系：華安窯》，福州：福建美術出版社，2005 年。

22. 李文杰，《中國古代製陶工藝研究》，北京：科學出版社，1996 年。

23. 李正中、朱裕平，《中國青花瓷》，臺北：藝術圖書公司，1993 年。

24. 李匡悌，《國立清華大學新校區雞卵面公墓清理及遷移歷史考古學監控及搶救計畫》，委託單位：國立清華大學；執行單位：中央研究院歷史語言研究所，2002 年。

25. 李匡悌，《靈魂與歷史的脈動：論國立清華大學仙宮校區的墓葬形制和出土重要文物》，新竹市：國立清華大學，2004 年。

26. 李建緯，《（第二期）彰化縣古蹟中既存古物登錄文化資產保存計畫》，委託單位：彰化縣文化局；執行單位：逢甲大學歷史與文物研究所，2013 年。

27. 李建緯，《嘉義縣一般古物——布袋太聖宮魍港媽祖神像、新港奉天宮天上聖母往郡進香大旗古物調查研究及保存維護計畫》，委託單位：嘉義縣文化觀光局；執行單位：逢甲大學歷史與文物研究所，2017 年。

28. 李建緯，《彰化縣古蹟中既存古物登錄文化資產保存計畫》，委託單位：彰化縣文化局；執行單位：逢甲大學歷史與文物研究所，2012 年。

29. 李建緯、張志相，《臺中市萬和宮暨文物館文物登錄與研究計畫 寺廟文物》，委託單位：財團法人臺中市萬和宮；執行單位：逢甲大學歷史與文物研究所，2015 年。

30. 李建緯、盧泰康，《臺中市萬和宮暨文物館文物登錄與研究計畫 萬和宮文物館藏文物》，委託單位：財團法人臺中市萬和宮；執行單位：逢甲大學歷史與文物研究所，2015 年。

31. 李建緯撰，《聖物廕福興：大里杙福興宮的文化資產分析與歷史詮釋》，臺中：大里杙福興宮，2017。
32. 李英豪，《紫砂茶壺》，臺北市：藝術圖書公司，1991 年。
33. 汪慶正主編，《中國陶瓷全集》，上海：上海人民美術社，2000 年。
34. 林金盛編，《臺灣交趾陶傳習要典》，臺北縣新店市：財團法人臺灣交趾藝術文教基金會，2004 年。
35. 林惠敏編，《典藏犁頭店；古今鄉土文化田野調查彙集》，臺中市：萬和文教基金會，1999 年。
36. 林會承，《臺灣文化資產保存史綱》，臺北市：遠流，2011。
37. 南投縣民俗文物學會，《南投陶文物風華》，南投縣：南投民俗學會，2002 年。
38. 政協南靖縣委員會，《明清時期南靖東溪窯與對外貿易》，福州：福建人民出版社，2016。
39. 徐文琴、周義雄合著，《鶯歌陶瓷史》，臺北縣：北縣文化，1993 年。
40. 耿寶昌，《明清瓷器鑑定》，北京：紫禁城出版社，1993 年。
41. 財團法人南投縣文化基金會，《南投陶：邁向現代陶之路二百年專輯》，南投縣：財團法人南投縣文化基金會，1996 年。
42. 財團法人臺中市萬和宮，《國家第三級古蹟媽祖廟萬和宮志》，臺中：財團法人萬和文教基金會，2004 年。
43. 財團法人臺中市萬和宮，《萬和宮略史》，臺中：漢皇文化機構，1985 年。
44. 財團法人臺灣省臺中市萬和宮，《萬和宮文物館》，臺中市：萬和文教基金會出版，1995 年。
45. 國立臺灣藝術大學藝術史研究所，《明清時期民窯青花瓷特展》，臺北：國立臺灣藝術大學藝術史研究所，2016 年。
46. 國立歷史博物館編輯委員會編輯，《彩塑人間：臺灣交趾陶藝術展》，臺北市：史博館，1999 年。
47. 康諾錫，《臺灣老花磚的建築記憶》，臺北：貓頭鷹出版，2016 年。
48. 張光直，《考古學：專題六講》，臺北：稻香出版，1993 年。
49. 張忠培，《中國考古學：走進歷史眞實之道》，北京：科學出版，1999 年。
50. 張柏主編，《中國出土瓷器全集》，北京：科學出版社，2008 年。
51. 張浦生，《青花瓷器鑒定》，北京：北京圖書館出版社，1995 年。
52. 梁白泉，《宜興紫砂》，香港：文物出版，1990 年。
53. 郭素秋，《竹子山大墓調查試掘計畫》，委託單位：臺北縣政府文化局；執行單位：歷史語言研究所，2000 年。

54. 陳秀珠主編,《醬缸文化 臺灣味——缸與甕的故事》,臺北:北縣鶯歌陶瓷博物館,2003 年。

55. 陳明良,《德化窯古瓷珍品鑑賞》,福州:福建美術出版社,2005 年。

56. 陳信雄,《陶瓷臺灣:臺灣陶瓷的歷史與文化》,臺中:晨星,2003 年。

57. 陳建中,《德化民窯青花》,北京:文物出版社,1999 年。

58. 陳建中編,《中國福建古陶瓷標本大系:德化窯》,福州:福建美術出版社,2005 年。

59. 陳庭宣主編,《典藏臺灣陶瓷:陶博館常設展》,新北:鶯歌陶瓷博物館,2010 年。

60. 陳新上,《阿嬤硘仔思想起;館藏臺灣日用陶瓷》,臺北縣:北縣鶯歌陶瓷博物館,2002 年。

61. 曾凡,《福建陶瓷考古概論》,福州:福建省地圖出版社,2001 年。

62. 馮先銘,《中國古陶瓷圖典》,北京:文物出版,1998 年。

63. 黃志農,《紅瓶拾遺:臺灣甄燒文物輯》,彰化縣:左羊出版,1996 年。

64. 黃春淮、鄭金勤編,《德化青花‧五彩瓷全書》,福州:福建美術出版社,2003 年。

65. 黃昭仁等,《臺中市犁頭店萬和宮調查研究與修護》,委託單位:財團法人臺中市萬和宮;執行單位:何肇喜建築師事務所,1998 年。

66. 黃振良,《金門農村器物》,金門縣:金門縣文化局,2007 年。

67. 新竹縣文物協會,《臺灣先民族群融合文物特展專業》,新竹縣:新竹縣文物協會,1996 年。

68. 葉文程、林忠干,《福建陶瓷》,福建:福建人民出版,1993 年。

69. 葉文程、林忠干,《福建陶瓷》,福建:福建人民出版,1993 年。

70. 廖仁義,《宜蘭的傳統碗盤》,宜蘭縣:宜蘭縣蘭陽博物館,2011 年。

71. 熊寥,《中國紫砂》,臺北市:藝術,1996 年。

72. 劉如水,《宋元明清瓷器鑑賞》,臺北:書泉出版社,2004 年。

73. 廣東省博物館編,《廣彩瓷器》,北京:文物出版設,2001 年。

74. 蔡承祐,《笨港出土文物》,雲林縣:雲縣笨港合和民俗發展協會,2001 年。

75. 蔡榮順撰文,《臺灣傳統工藝——交趾陶與剪粘之源流及發展》,嘉義市:金龍文教基金會出版,2006 年。

76. 鄧淑慧,《酒甕的故鄉:苗栗酒甕的歷史與文化特色》,苗栗市:苗栗文化局,2003 年。

77. 鄭文彰,《曾生祥收藏——安平五條港出土文物集》,臺南縣:南縣麻豆鎮公所,2006 年。

78. 盧泰康,《17 世紀臺灣的外來陶瓷:透過陶瓷探討臺灣歷史》,新北市:花木蘭文化出版,2013 年。

79. 盧泰康,《古笨港遺址出土文物整理、修護與研究計畫》,委託單位:雲林縣文化局;執行單位:國立臺南藝術大學藝術史學系,2014 年。

80. 盧泰康,《高雄市立歷史博物館館藏陶瓷文物委託研究計劃》,委託單位:高雄市立歷史博物館;執行單位:國立臺南藝術大學藝術史學系,2013 年。

81. 盧泰康、王竹平,《屏東縣琉球鄉碧雲寺:傳世陶瓷古物研究與修護》,臺南市:臺南藝術大學藝術史學系,2014 年。

82. 盧泰康撰,《高雄市立歷史博物館典藏專輯:凝鍊初心·館藏陶瓷文物篇》,高雄市:高雄史博館,2016 年。

83. 穆青,《清代民窯彩瓷》,石家莊:河北人民出版,1992 年。

84. 聯程工程顧問有限公司,《臺中市南屯老街(犁頭店街)有形與無形文化資產保存計畫》,委託單位:臺中市文化局;執行單位:聯程工程顧問有限公司,2008 年。

85. 謝明良,《明清時期民窯青花瓷特展》,臺北:國立臺灣大學藝術史研究所,2016。

86. 蘇世德主編,《鶯歌製陶 200 年特展專輯》,臺北縣:臺北縣立鶯歌陶瓷博物館,2004 年。

論文期刊

1. Anthea Hancocks,〈博物館展示與社會意識〉,《博物館學季刊》,第 02 卷第 3 期,1988 年,頁 09〜14。

2. Fredderick W. Schueler,〈展示故事與展示品:談展示之正確性〉,《博物館學季刊》,第 03 卷第 4 期,1989 年,頁 03〜07。

3. Hans Gill & Ted Swigon,林瑞瑛譯,〈小型博物館展示的第一步〉,《博物館學季刊》,第 11 卷第 2 期,1997 年,頁 45〜48。

4. Jerry Podany,〈The Protection of Cultural Heritage in Museum Collections From Earthquake Damage.〉,《文物保存維護研討會專輯》,臺北:行政院文化建設委員會,1995 年,頁 068〜091。

5. Jerry Podany,〈Seismin Disasters: Mitigation of Damage and Response〉,《文物保存維護研討會:文物預防性保護與急難處理論文集》,臺北:行政院文化建設委員會,1996 年,頁 7-1 至 7-42。

6. Roger Miles，〈展示學習〉，《博物館學季刊》，第 11 卷第 2 期，1997 年，頁 41 44。

7. 中川里江，《臺灣日治時期日本民間企業發展之研究──以臺灣煉瓦株式會社爲例》，成功大學歷史學系碩士學位論文，2005 年。

8. 中川理江，《日治時期臺灣近代建築建築材料紅磚的使用之研究──以商標作爲建築編年的初步探討》，桃園：中原大學文化資產研究所碩士學位論文，2005 年。

9. 王啓祥，〈博物館與社區互動模式初探〉，《博物館學季刊》，第 16 卷第 1 期，2002 年，頁 27～33。

10. 王嵩山，〈物質文化的展示〉，《博物館學季刊》，第 04 卷第 2 期，1990 年，頁 39～47。

11. 古游生，〈故宮博物院安全防護簡介〉，《文物保存維護研討會：文物預防性保護與急難處理論文集》，臺北：行政院文化建設委員會，1996 年，頁 4-1 至 4-6。

12. 羊澤林，〈福建漳州半洋礁一號沈船遺址的內涵與性質〉，《海洋遺產與考古》，北京：科學出版社，2012 年，頁 50～59。

13. 羊澤林，〈福建閩江中下游時期的陶瓷生產與外銷〉，《文化交流與信仰傳播國際學術研討會──東亞考古文物專題》，臺南：國立臺南藝術大學，2015 年，頁 D-14～D-17。

14. 李建緯，〈日照香爐生紫煙──鹿港天后宮所見香爐研究〉，《鹿港天后宮論文集》，彰化縣鹿港鎮：鹿港天后宮，2017 年，頁 76～121。

15. 李建緯，〈博物館與宗教文物─神聖性、生命歷程與場所精神〉，《博物館概論》，待刊稿。

16. 李建緯，〈博物館與歷史──歷史物件的再現、詮釋與記憶〉，《博物館概論》，待刊稿。

17. 李建緯，〈靈光與除魅──當臺灣民間宗教文物進入在地「博物館」收藏〉，《博物館物件、區辨與連結論文集》，臺中：逢甲大學歷史與文物研究所，2014 年，頁 29～62。

18. 周寶中，〈博物館藏品的緊急搶救性保護〉，《文物保存維護研討會：文物預防性保護與急難處理論文集》，臺北：行政院文化建設委員會，1996 年，頁 5-1 至 5-12。

19. 林崇熙，〈博物館文物演出的時間辯證：一個文化再生產的考察〉，《博物館學季刊》，第 19 卷第 3 期，2005 年，頁 7～23。

20. 林焘、葉文程、唐杏煌、羅立華，〈福建華安下東溪頭窯址調查簡報〉，《東南文化》，第 1 期，1993 年，頁 229～236。

21. 阿麗娜,《西伯利亞博物館收藏之中國瓷器研究》,逢甲大學歷史與文物研究所碩士學位論文,2012 年。

22. 栗建安,〈東溪窯調查記略〉,《福建文博》,第 1-2 期,1993 年,頁 138 ～149。

23. 栗建安,〈福建地區水下考古 20 年〉,《福建文博·創刊 30 周年紀念文集》,2009 年增刊。

24. 翁靖傑,《日治時期臺灣近代建築建築材料紅磚的使用之研究——以商標作爲建築編年的初步探討》,中原大學文化資產研究所碩士學位論文,2011 年。

25. 耿鳳英,〈誰的故事?——論博物館展示詮釋〉,《博物館學季刊》,第 25 卷第 3 期,2011 年,頁 99～109。

26. 堀込憲二,〈日治時期使用於臺灣建築上彩磁的研究〉,《臺灣史研究》,第 8 卷第 2 期,2001 年,頁 65～95。

27. 崛内秀樹,〈17 世紀到 19 世紀日本出土的貿易陶瓷〉,《文化交流與信仰傳播國際學術研討會——東亞考古文物專題》,臺南:國立臺南藝術大學,2015 年,頁 C-1～C-51。

28. 張世賢,〈博物館預防性保存措施導論〉,《文物保存維護研討會:文物預防性保護與急難處理論文集》,臺北:行政院文化建設委員會,1996 年,頁 2-1 至 2-10。

29. 張婉眞,〈如何分析博物館展示——研究方法旨趣〉,《博物館學季刊》第 15 卷第 3 期,2001 年,頁 13～24。

30. 張崇山,〈博物館的展示規劃〉,《博物館學季刊》,第 07 卷第 3 期,1993 年,頁 55～69。

31. 郭聖偉,《臺南中寮遺址出土陶瓷及相關研究》,臺南:國立臺南藝術大學藝術史碩士學位論文,2014 年。

32. 郭聖偉,《臺灣日治時期日本民間企業發展之研究——以臺灣煉瓦株式會社爲例》,臺南:國立成功大學歷史研究所碩士學位論文,2014 年。

33. 陳世瑋,《博物館展覽中的展覽文本與物件:以鶯歌陶瓷博物館之常設展爲例》,國立臺灣藝術大學藝術管理與文化政策研究所碩士學位論文,2016 年。

34. 陳羿錡,〈金門縣烈嶼鄉宋元時期陶瓷調查研究〉,《南藝學報》,第 12 期,2016 年,頁 01～38。

35. 陳羿錡,《金門縣烈嶼鄉宋元時期陶瓷調查研究》,臺南:國立臺南藝術大學碩士學位論文,2014 年。

36. 陸定邦,〈展示策略與方法之分析〉,《博物館學季刊》,第 11 卷第 2 期,1997 年,頁 11～22。

37. 廖紫均，〈社區博物館與地方寺廟〉，《博物館學季刊》，第 16 卷第 1 期，2002 年，頁 105～110。

38. 廖靜如，〈宗教文物蒐藏：神聖與博物館化〉，《博物館學季刊》，第 20 卷第 2 期，2005 年，頁 67～80。

39. 福建博物院文物考古研究所等，〈長樂市東洛島沈船遺址水下考古調查報告〉，《福建文博》第 4 期，2014 年，頁 14～23。

40. 蔡怡怡，〈類博物館的地方文化館參與節慶與地方意識之連結——以平溪爲例〉，《博物館季刊》，第 27 卷第 1 期，2013 年，頁 5～32。

41. 鄭惠英，〈展示規劃與維護概念〉，《博物館學季刊》，第 11 卷第 2 期，1997 年，頁 63～66。

42. 盧泰康，〈臺南大天后宮傳世收藏的陶瓷供器〉，《媽祖物質文化研討會：媽祖文化中的歷史物件、保存與再現》，臺中市：中興大學，2015。

43. 盧泰康，〈臺灣考古出土與傳世的清代福建東溪窯陶瓷〉，《文化資產保存學刊》，第 39 期，2017 年，頁 23～57。

44. 盧泰康，〈臺灣南部寺廟收藏的傳世陶瓷香爐供器〉，《近代物質文化研究——第一屆歷史與文物學術研討會論文集》，臺中市：逢甲大學歷史與文物研究所，2014 年，頁 37～66。

45. 盧泰康，〈臺灣南部廟宇傳世收藏的青瓷供器〉，《東亞青瓷學術論壇論文集》，新北市：新北市鶯歌陶瓷博館，2013 年，頁 158～171。

46. 盧泰康，〈臺灣傳世與考古出土的清代東溪窯與南靖窯陶瓷〉，《文化交流與信仰傳播國際學術研討會——東亞考古文物專題》，臺南：國立臺南藝術大學，2015 年，頁 A-1～A-29。

47. 盧泰康，〈歷史文化與常民生活的縮影：綜論高雄市立歷史博物館典藏陶瓷〉，《高雄文獻》，第 4 卷第 3 期，2014 年，頁 065～099。

48. 盧泰康、李建緯，〈臺灣古蹟中既存古物調查的現況與反思〉，《文化資產保存學刊》，第 25 期，2013 年，頁 95～115。

49. 謝佩瑤，〈場所、物和歷史：以香港歷史博物館的五間分館爲例〉，《博物館物件、區辨與連結論文集》，臺中：逢甲大學歷史與文物研究所，2014 年，頁 177～203。

50. 謝明良，〈對於嘉義縣新港鄉板頭村遺址出土陶瓷年代的一點意見〉，《臺灣史研究》，第 9 卷第 2 期，2002 年，頁 203～224。

外文專書

1. Brown, R., & Sjostrand, S, Maritime Archaeology and Shipwreck Ceramics in Malaysia. Lumpur, Malaysia: Department of Museum & Antiquities, 2001.

2. Duncan Macintosh., Chinese blue and white porcelain. David & Charles（Publishers） Ltd, Newton Abbot, Devon, England, 1977.

3. Herbert,Peter & Nancy Schiffer., Chineses Export Porcelain –Standard patterns and forms, 1780 to 1880. Schiffer Publishing, 1975.

4. Nagel Auctions., Tek Sing Treasures. Stuttgart, Germany, 2000.

5. Van Mensch, P., Towards a methodology of museology. PhD thesis. University of Zagreb, 1992.

6. 日本貿易陶磁研究會，《貿易陶磁研究 NO.19》，日本千葉縣：文明堂印刷株式會社，1999 年。

7. 中田忠夫，《大日本帝國陸海軍　軍裝と裝備：明治・大正・昭和》，東京：株式會社池宮商會，2010 年。

8. 財団法人瀬戶市文化振興財団埋藏文化財センター，《せともの百年史——中部地方出土の近代陶磁　瀬戶・美濃窯の近代3》，愛知縣：財団法人瀬戶市文化振興財団埋藏文化財センター，2009 年。

9. 龜井明德，《福建省古窯跡出土陶瓷器の研究》，東京：都北印刷出版株式會社，1995 年。